电子商务类专业
创新型人才培养系列教材

U0734441

电子商务
视觉营销

第 2 版 | 微课版

隋鸿阳 崔翔宇 / 主编

赵桂芸 孙佳敏 / 副主编

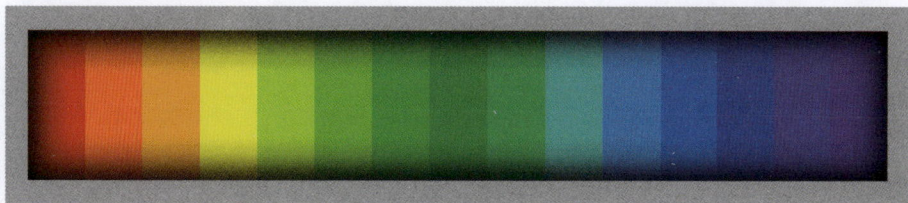

人民邮电出版社
北京

图书在版编目（CIP）数据

电子商务视觉营销 ：微课版 / 隋鸿阳，崔翔宇主编.
2 版. -- 北京 ：人民邮电出版社，2025. 1. --（电子
商务类专业创新型人才培养系列教材）. -- ISBN 978-7
-115-64707-8

Ⅰ. F713.365.2

中国国家版本馆 CIP 数据核字第 20246QM331 号

内 容 提 要

在竞争激烈的电子商务环境中，极具吸引力的视觉效果是引起消费者关注、提高消费者对商品的好感度、促进商品成交的关键。视觉营销就是立足于视觉设计以达成营销目的的一种营销方式。本书聚焦于电子商务视觉营销，第一部分介绍视觉营销的基础知识，包括视觉营销的相关概念、视觉营销设计要素、提炼视觉创意、视觉营销的主要应用，第二部分介绍商品图片的拍摄与处理，第三部分介绍视觉效果的设计，包括店铺首页、商品主图、商品详情页、推广图、移动端店铺、短视频等的视觉营销设计，第四部分通过综合案例讲解不同页面的设计与制作方法，帮助视觉营销人员更好地掌握视觉营销的设计方法和技巧。

本书不仅可以作为高等职业院校、中等职业院校电子商务、网络营销与直播电商专业视觉营销相关课程的教材，也可以作为从事视觉营销设计相关工作人员的参考书。

◆ 主　　编　隋鸿阳　崔翔宇
　　副 主 编　赵桂芸　孙佳敏
　　责任编辑　白　雨
　　责任印制　王　郁　彭志环
◆ 人民邮电出版社出版发行　　北京市丰台区成寿寺路 11 号
　　邮编　100164　电子邮件　315@ptpress.com.cn
　　网址　https://www.ptpress.com.cn
　　北京瑞禾彩色印刷有限公司印刷
◆ 开本：700×1000　1/16
　　印张：13　　　　　　　　　2025 年 1 月第 2 版
　　字数：255 千字　　　　　　2025 年 1 月北京第 1 次印刷

定价：69.80 元

读者服务热线：(010)81055256　印装质量热线：(010)81055316
反盗版热线：(010)81055315
广告经营许可证：京东市监广登字 20170147 号

　　党的二十大报告提出："加快发展数字经济，促进数字经济和实体经济深度融合，打造具有国际竞争力的数字产业集群。"电子商务作为数字经济和实体经济深度融合的重要结晶，显现出规模变大、增长变快、与社会生活联系越发紧密的特点。在电子商务模式下，视觉营销作为一种商品营销方式，主要通过视觉冲击来提升消费者对商品的兴趣，激发消费者潜在的消费欲望，从而提高商品销量。

　　为配合职业院校电子商务等专业"视觉营销设计"相关课程的需求，培育出精准对接市场需求的全面型人才，我们对《电子商务视觉营销》一书进行了改版，编写了《电子商务视觉营销（第2版 微课版）》。第2版教材在保留第1版精华的基础上更新了知识点，增加了具有实操性的内容及素养提升相关内容。总的来说，此次改版主要集中在以下3个方面。

　　（1）更新知识点和案例赏析。本书基于当前电子商务视觉营销的发展和岗位需求的变化，更新了陈旧的知识点，精简了传统的视觉营销设计内容，更新了智钻推广图部分内容，新增了引力魔方图设计，优化了"案例导入"板块，增加了对案例的欣赏与分析。以案例引导读者了解项目的主要内容，以期提高读者的审美素养。

　　（2）增加实操性内容。当前，不少企业要求电子商务视觉营销设计者具备较强的实操技能，为帮助读者更好地就业、创业，此次改版使用Photoshop 2022和剪映专业版，增加了不少具有实操性的内容，如短视频的制作等。此外，首页、详情页和推广图等设计融合了当前的主流设计思维和方式，更符合当下的设计要求。

　　（3）培养职业素养。为帮助读者树立正确的价值观念，培养职业素养，此次改版增添了素养培养的相关内容，包括每个项目首页中的"素养目标"，正文中的"素养课堂"小栏目，以及融入了传统文化、民俗节气、创新、创意和职业素养等元素的实操案例。

本书内容

　　本书共设计了8个项目，可以分为视觉营销基础知识、图片的拍摄与处理、视觉效果的设计、完整的店铺视觉营销案例制作4个部分（见下图），读者在学习过程中要循序渐进，注重理论与实践结合，以便更好地掌握本书的内容。

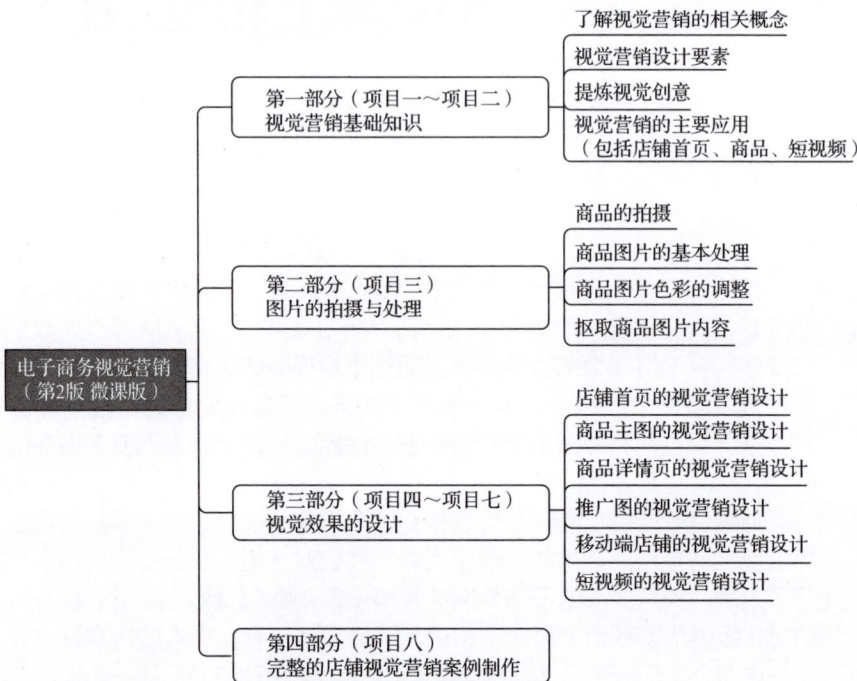

第一部分（项目一～项目二）
视觉营销基础知识
- 了解视觉营销的相关概念
- 视觉营销设计要素
- 提炼视觉创意
- 视觉营销的主要应用（包括店铺首页、商品、短视频）

第二部分（项目三）
图片的拍摄与处理
- 商品的拍摄
- 商品图片的基本处理
- 商品图片色彩的调整
- 抠取商品图片内容

电子商务视觉营销（第 2 版 微课版）

第三部分（项目四～项目七）
视觉效果的设计
- 店铺首页的视觉营销设计
- 商品主图的视觉营销设计
- 商品详情页的视觉营销设计
- 推广图的视觉营销设计
- 移动端店铺的视觉营销设计
- 短视频的视觉营销设计

第四部分（项目八）
完整的店铺视觉营销案例制作

配套资源

（1）拓展资源。本书在需要重点讲解的内容处配有二维码，读者扫码即可查看资源并学习。

（2）赠送资源。本书还提供了丰富的配套资源，包括 PPT 课件、教学大纲等，教师登录人邮教育社区（www.ryjiaoyu.com）即可下载获取。

编写团队

本书由赤峰信息职业技术学校隋鸿阳、崔翔宇担任主编，北京博导前程信息技术股份有限公司赵桂芸、孙佳敏担任副主编。

编者留言

在编写过程中，由于时间仓促和编者水平有限，本书难免存在不足之处，欢迎广大读者、专家给予批评指正。

编　者

2024 年 8 月

目录

PART 01

项目一
了解视觉营销

随着电子商务市场的快速发展，一些简单的电子商务广告，如信息重复堆积的广告、简单罗列商品的广告、内容单调的广告等已经很难再引起消费者的兴趣。此时，借助电子商务视觉效果来阐述商品卖点的视觉营销形式的电子商务广告应运而生。

【知识目标】
· 了解视觉营销的基本概念、作用及定位。
· 掌握视觉营销设计要素，学会提炼视觉创意。

【素养目标】
· 培养视觉营销设计兴趣，在设计中树立正确的营销观念。
· 培养对文字、色彩、构图的审美能力，拓宽创新思维。

学习导图

案例导入

电子商务营销多以视觉营销为主，虽然消费者无法像在线下实体店铺购买商品一样亲身触摸和感受商品，但可以通过查看商品的文字描述、图片和视频等信息来了解商品，这些商品信息几乎都可以算作视觉营销的范畴。

图1-1所示为某款电饭煲的视觉营销海报，这张海报的视觉设计是以做饭场景为主，整个场景色彩明快，效果新颖、美观。海报中间位置下侧为图片视觉表现的主体——电饭煲，与左上侧文案相搭配，占据着视觉中心位置。为了增强视觉营销效果，该海报还通过母女一起使用电饭煲的厨房场景，将消费者带入充满温情的烹饪氛围中，激发消费者对商品的购买欲望。除此之外，该海报巧妙借助色彩搭配抓住消费者的视觉，同时利用"做顿好饭 给妈妈"文案引发消费者的情感共鸣，激发消费者对商品的兴趣和购买欲，为最终的商品销售做铺垫。

图1-1 视觉营销海报

由此可见，优秀的视觉营销不仅要注重视觉效果，还要注重营销效果。因此，商家要取得成功需要先了解视觉营销的相关知识。

任务一　视觉营销基础

视觉营销即通过优化商品的视觉效果来提高消费者（潜在的）兴趣，达到推广商品或服务的目的。在当下信息爆炸的时代，视觉营销已经成为品牌获取消费者关注和竞争优势的重要途径。

课堂讨论

针对下列问题展开讨论：

（1）视觉营销在网店中是如何体现的？

（2）海报中也可以运用视觉营销吗？

一、任务目标

视觉营销通过文字、图片或视频等视觉元素，将商品卖点、商品主要信息、品牌信息等传达给消费者，从而增加商品点击率、转化率，甚至提升品牌形象。通过学习本任务，读者可以了解视觉营销的基本概念、视觉营销的作用、视觉营销的定位等知识。

二、相关知识

（一）什么是视觉营销

视觉营销是随着消费需求从基本温饱层面向精神层面发展应运而生的现代商业营销学科，旨在通过增强消费者的视觉感受来促进销售。在视觉营销中，视觉是手段，营销才是目的，视觉以营销为出发点，营销则通过视觉得以实现。因此，两者是相辅相成的关系。

下面将从传统商业的视觉营销和电子商务视觉营销的角度进行分析。

- 传统商业的视觉营销普遍具有直接触摸的优势，可以带给消费者真实的购物体验，其营销渠道一般是线下实体场所，如电视广告、地铁广告、纸媒广告等。这些视觉营销广告在互联网时代表现出很明显的短板，消费者看到广告后不能立刻购买，其更大的作用是加深消费者对商品或品牌的印象及了解。
- 电子商务视觉营销中商品的信息传递几乎只能依靠视觉，商家通过视觉展示商品，消费者通过视觉了解商品。如今，电子商务市场越来越成熟，视觉信息传递的效果直接影响着商品销量。电子商务中的视觉营销主要借助网络来实现，当消费者被商品图片或视频打动时，可以立刻下单，完成交易，转化更直接有效。因此，对于电子商务而言，视觉营销是不可或缺的营销手段。

如果对"视觉营销"这4个字进行拆解，"视"可以理解为眼睛看到的一切，"觉"可以理解为消费者接收的信息，"营"可以理解为营造氛围，"销"可以理解为促成商品或服务的销售。从视觉营销的角度分析图 1-2 所示的商品促销海报，可发现该海报从不同的方面向消费者传达了商品的信息。

图 1-2　商品促销海报

- **在"视"的环节。**该促销海报的视觉设计以厨房电器的使用场景为出发点，画面元素丰富、搭配和谐、效果美观。右侧为海报的视觉表现主体——商品，与左侧文案相搭配，占据着视觉中心位置。其中，文案又向消费者传递了商品折扣信息。

- **在"觉"的环节。**对商品的展现上，通过搭建厨房场景，以及展示商品的使用过程，营造高品质的商品定位，突出商品的功能特点。同时标题和商品主体占据视觉中心位置，也让消费者在看到这张海报的第一时间，能够快速明白海报想要传达的主要信息，即厨房家电正在打折。总体来看，该海报通过厨房场景将消费者带入商品的使用氛围中，增强消费者对商品的兴趣。海报文案简洁醒目，直接点明了商品的优势和折扣信息，激发消费者的购买欲望。

- **在"营""销"的环节。**虽然图片已经在有限的范围内传递了重要的商品信息，但还需要对这些信息进行进一步的渲染才能最终打动消费者。因此，在商品和标题周围搭建了春日的清新场景，营造清爽的氛围，同时利用金钱元素装饰画面，营造出优惠力度强的效果，有利于激发消费者的购买欲望，最终达成商品销售的目的。

这张商品促销海报不仅成功凸显了优惠活动信息，还利用商品图片和场景打造了商品的高品质形象，为最终的商品销售做好了铺垫，同时辅以品牌Logo，加深消费者对品牌的印象。

当然，视觉营销也并非只有上图这一种形式。不论视觉营销表现形式如何变化，最终目的仍然是销售，如何更好地表达信息，如何打动消费者并促成购买，始终是视觉营销应该考虑的重点。

（二）视觉营销的作用

电子商务视觉营销的直接作用是提高商品销量、增加企业利润。除此之外，好的视觉营销还对品牌具有积极的间接作用。

1. 直接作用

视觉营销的直接作用主要体现在商品销售上，对流量、转化率、客单价等数据都有非常直接的影响，并且短期内就可以看到营销成效。

- **影响流量。**好的视觉设计可以有效吸引消费者的注意，使其对商品和品牌产生兴趣，从而增加店铺的流量。淘宝首页的广告图、搜索页的商品主图等都有着类似的作用，消费者被图片吸引后，点击图片查看商品或进入店铺，即可为店铺带来流量。

- **影响转化率。**商品或品牌如果在视觉表现上既呈现得当，又为商品营造了良好的视觉氛围，就可以增强消费者的浏览兴趣，从而促使其产生购买行为。

- **影响客单价。**通过视觉对消费者进行引导并合理利用各种营销方式，促使其加购商品，或者直接通过商品或品牌良好的视觉表现培养消费者对品牌的认同和好感，增加其对品牌的信任，都可以有效提高客单价。

2. 间接作用

电子商务视觉营销可以有效提高消费者对商品和品牌的认知度和好感度，为品牌带来更多的潜在消费者。

- **强化品牌识别度**。在视觉营销中加入品牌元素，可以加深品牌在消费者脑海中的印象，特别是建立了相对独特的视觉识别系统的品牌，在消费者看到与品牌相关的视觉元素时，就很容易联想到该品牌。
- **扩大品牌传播度**。品牌的视觉营销如果足够出彩，还可以迅速扩大其传播度和在消费者心中的好感度，让消费者自发地传播品牌信息，甚至能够增加品牌在行业与消费者心目中的影响力。

（三）视觉营销的定位

在进行电子商务视觉营销前，需要根据商家的当前需求，先明确视觉营销的定位，这样才能更好地制订营销策略和营销方案。视觉营销定位有品牌型和营销型两种，同样的商品，采用不同的定位方式，其视觉设计和营销策略是不同的。

1. 品牌型视觉定位

品牌型视觉定位注重打造和维护品牌的形象，如通过品牌标志、品牌色调、品牌字体、品牌代言人等元素，建立稳定如一的品牌形象，同时传达品牌的核心价值和理念，突出品牌优势，从而增强消费者对品牌的认知度、好感度和忠诚度。一般品牌型视觉定位的商品价格要高于同类商品，因此，在视觉营销的过程中还要弱化价格。图 1-3 所示为牛奶品牌"金典"的一张全屏海报，在该海报中商品的绿色与大自然场景相互呼应，加深了品牌在消费者心中的印象；此外，海报还通过左上方世界自然基金会的 Logo，左下角的"环保产品"，以及右下方的"低碳"字样体现品牌的环保理念，不仅彰显了品牌的社会责任感与实力，加深了消费者的好感，还使商品更具竞争优势，让消费者更愿意选择该品牌或花费稍高一点的价格购买该品牌的商品。

图 1-3　品牌型视觉定位海报

2．营销型视觉定位

营销型视觉定位需要凸显商品的某种优势，如利用价格优势来提高商品销量。一般来说，营销型视觉定位的商品价格要低于同类型商品，因此在视觉营销的过程中，需要开展足够的促销活动，以吸引消费者，从而促进商品销售。图 1-4 所示为一款营销型海报，海报右侧为进行营销的商品主体，左侧为"伊利金典纯牛奶""领券 199 享 8 折"等文字，左右两侧相互呼应，充分体现了促销信息，凸显了价格优势。

图 1-4　营销型视觉定位海报

拓展学习

选择营销型视觉定位后，可以从5个方面进行营销：①与消费者密切相关，明确消费者利益需求点；②刺激消费者的欲望，如通过图片和色彩设计产生直接的视觉刺激，或通过文字和听觉使消费者产生间接联想；③唤醒危机感，如通过说明资源稀缺、时间紧迫、潜在隐患等；④激发向往，如对美、便捷舒适、自由、精神世界、身份认同感的向往；⑤利益刺激，如"实惠""免费""赠送""低价""包邮"等。

三、任务实训——分析电器海报的视觉营销

1．实训要求

结合本任务所学知识，分析图 1-5 所示的电器海报，从"视""觉""营""销"4 个角度分析该电器海报在视觉营销方面的体现。

图 1-5　电器海报

2. 实训目标

掌握视觉营销的内涵。

3. 实训思路

`步骤 01` ▶ 在"视""觉"的环节。该海报的视觉设计以新春场景为主，整个场景色彩喜庆明快。海报中央展示了该品牌3种热门电器在厨房的工作场景，与顶部文案相搭配，占据着视觉中心位置。海报通过场景展示将消费者带入新春家宴的热闹氛围中，从而激发消费者对该品牌商品的购买欲望。

`步骤 02` ▶ 在"营""销"的环节。该海报不仅成功展现出商品的高性能，巧妙借助色彩吸引消费者视线，同时利用"家宴迎春"文案和装饰元素直接营造出春节年夜饭欢乐的氛围，文案和商品使用场景激发了消费者对商品的购买欲望，为最终的商品销售提供有力保障。

四、任务考核

观察图 1-6 所示的月饼海报，思考该海报采用了哪种视觉营销定位，是如何体现视觉营销、如何传递视觉信息的。

图 1-6　月饼海报

任务二　视觉营销设计要素

确定视觉营销定位后，即可展开视觉营销设计，在设计时色彩能够快速吸引消费者视线，使消费者对商品留下直观的第一印象；文字则能让表达的信息更加明确，能更好地体现商品的促销内容；合理的构图则能使消费者抓住营销重点，使画面更具吸引力。

课堂讨论

针对下列问题展开讨论：

（1）色彩在视觉营销中重要吗？不同的色彩可以带来什么样的视觉感受？

（2）在制作商品图片时，如何设计图片中的文字？

（3）在对店铺首页进行构图时，可采用哪种构图方式？是如何选择的？

一、任务目标

认识视觉营销设计要素是视觉营销设计的关键，本任务将分别介绍视觉营销设计要素中的视觉色彩、视觉文字和视觉构图等知识，让读者充分了解并学会运用这些设计要素。

二、相关知识

（一）视觉色彩

人对色彩的感觉常由光的物理性质决定，此外也会受到周围事物的影响。为了更好地掌握色彩的使用和搭配方法，需要先了解并掌握色彩的构成要素、搭配原理、搭配技巧。

1. 色彩的构成要素

在色彩的视觉搭配中，色相、明度、纯度是色彩的3个要素，是人眼能够正常感知色彩的基本条件，熟悉并灵活应用三要素是进行视觉设计的基础。

- **色相。** 色彩的不同是由光波长的长短差别所决定的，而色相是指这些不同波长的色彩情况。各种色彩中，红色是波长最长的色彩，紫色是波长最短的色彩，红、橙、黄、绿、蓝、紫和处在它们之间的红橙、黄橙、黄绿、蓝绿、蓝紫、红紫共计12种色彩组成了12色相环，在色相环中的各种色彩中加入白与灰，可以产生细微差别的多种色彩。

- **明度。** 明度可以简单理解为色彩的亮度，任何色彩都存在明暗变化。不同的色彩具有不同的明度，其中黄色的明度最高，紫色的明度最低，绿、红、蓝、橙的明度相近，为中间明度。

- **纯度。** 纯度（也叫饱和度）是指色彩的鲜艳程度。纯度越高，色彩越鲜艳，视觉冲击力越强。纯度的高低取决于该色彩中含色成分和消色成分（灰色）的比例。含色成分越高，纯度越高；消色成分越高，纯度越低。

图1-7所示的手机海报分别采用了黄色和红色两种色相，在红色色相中加入白与灰，又产生了粉红色和深红色两种色相，每张海报中的商品与同色相的背景相搭配，相互呼应、统一协调。在明度与纯度方面，前两张海报色彩的明度与纯度相

近，给人以轻松、清新的感觉，而第 3 张海报比第 2 张海报的色彩明度更低、纯度更高，给人更加庄重、冲击力更强的感觉。

图1-7 手机海报

2. 色彩的搭配原理

在色彩搭配上，如果色彩缺乏对比，画面就会显得平淡无奇、缺乏灵气；如果色彩缺乏调和，则画面将会显得色彩零乱，缺乏统一性。因此，只有先掌握色彩的对比与调和这一搭配原理，才能创作色彩丰富且和谐的视觉效果。

（1）色彩对比

色彩对比就是将两种或两种以上色彩并置，由于相互间存在明确的差别（如色相、明度、纯度等的差别）而形成色彩的对比关系。

- **色相对比**。利用色相之间的差别形成对比，需要考虑其他色相与主色相之间的关系，图1-8所示海报以蓝色为主，运用绿色、橙色形成对比，视觉冲击力较强。

- **明度对比**。利用色彩的明暗程度进行对比。恰当的明度对比可以使画面产生明快感和清晰感。一般情况下，明度对比较强时，画面清晰度较高；明度对比较弱时，画面会显得柔和单薄、简单单调。

- **纯度对比**。利用纯度的强弱形成对比。纯度对比较弱时，视觉效果也较弱，适合长时间观看；纯度对比适中时，视觉效果和谐、丰富，可以凸显画面的主次；纯度对比较强时，视觉效果鲜艳明朗、富有生机。图1-9所示的海报利用了蓝色进行纯度对比，海报顶部和底部的低纯度蓝色有效衬托了中间高纯度的鞋子主体。

- **冷暖对比**。利用色彩冷暖感觉形成对比。利用该对比很容易突出商品主体所在的位置，使视线聚焦于形成对比处或者冷暖交界处。图1-10所示的海报即

运用冷色蓝绿突出鞋子中的暖色橙色细节设计。

- **面积对比**。各种色彩在画面中所占面积的大小不同，其呈现出来的对比效果也就不同。当面积大的色彩为画面的主色调，面积较小的色彩则会显得格外醒目，具有识别性，如万绿丛中一点红将显得格外鲜艳夺目。

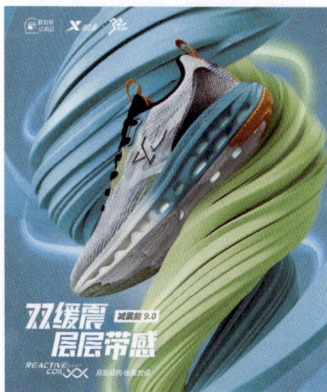

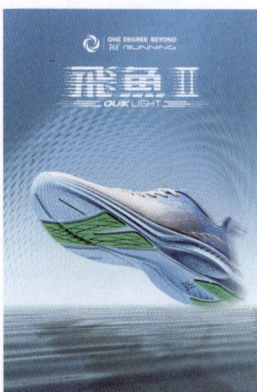

图1-8　色相对比　　　　　图1-9　纯度对比　　　　　图1-10　冷暖对比

（2）色彩调和

色彩调和是指两种或两种以上的色彩，有秩序地组织在一起后获得的协调一致的色彩组合效果，包括同一调和、近似调和、秩序调和、对比色调和、面积调和5种。

- **同一调和**。在色相、明度、纯度三要素中有一种要素完全相同，使色彩的组合关系中含有同一要素，而变化其他要素。图1-11所示海报即为在绿色色相上进行明度和纯度的变化。

- **近似调和**。在色相、明度、纯度中有某一种或两种属性近似，通过变换其他属性而达到调和效果的色彩调和方法。近似调和的色彩关系在同一调和的基础上更富有变化。图1-12所示即为近似调和案例，该图中的色彩明度近似，虽然色相不同，但整体效果和谐。

- **秩序调和**。色彩秩序的建构通常是以色彩的基本属性为依据，如色彩由明到暗的渐变，由灰到亮的排列等。秩序调和法就是把不同明度、纯度、色相的色彩组织起来，形成渐变的或有节奏、有韵律的色彩效果。

- **对比色调和**。将两种性质相差较远的色彩，尤其是色环中位置彼此相对的（距离180°）两种色彩，通过某些特定的方法和规律进行配置而取得的协调效果。例如，图1-13所示的海报就运用了绿色和橙色这组对比色，通过渐变融合的方式，使色彩过渡更加自然，减弱了对比色的冲突性，使整体更加协调。

- **面积调和**。通过增大或减小色彩的面积，来达到调和的目的。一般明度或纯度越高的色彩，在画面中所占的面积应越小，这样更容易达到色彩的调和效果。

图 1-11　同一调和　　　　图 1-12　近似调和　　　　图 1-13　对比色调和

3. 色彩的搭配技巧

色彩搭配是一门技术，不同色彩的视觉感受、应用领域和搭配技巧有所不同，灵活运用以下色彩进行搭配能增加商品图片的视觉美观度。

- **黑色**。在视觉搭配中，黑色给人一种高贵、稳重、科技的感觉，许多科技类商品，如电视、摄影机、音箱大多选择黑色为主色。在日常生活用品和服饰用品设计中，大多利用黑色来塑造高贵的形象。黑色的色彩搭配适应性非常广，大多数色彩与黑色搭配都能得到鲜明、高级、赏心悦目的效果，图1-14所示为黑色系海报的展现效果。

图 1-14　黑色系海报的展现效果

- **红色**。红色给人一种热情、有活力的感觉。高明度的红色与灰色、黑色等色彩搭配使用，可以给人一种现代且激进的感觉。低明度的红色给人一种冷静沉着的感觉，适合营造古典的氛围，与金色搭配还能带来奢华的感觉，如图1-15所示。在商品的视觉营销设计中，红色能起到醒目的作用，能促进商品的销售。

图 1-15　红色和金色的搭配效果

🎓 **拓展学习**

红色很容易引发兴奋、激动和紧张的情绪，还是一种能够唤起食欲的颜色。橙色、黄色也能够刺激食欲，绿色的食物往往被视为健康食品，而黑色的食物则容易被视为变质或对人体健康有害的食品。

- **蓝色**。高饱和度的蓝色会营造一种整洁、轻快的感觉，低饱和度的蓝色会给人一种都市化的时尚感。主色彩选择明亮的蓝色，配以白色的背景和灰色的辅助色，可以使整个画面干净、简洁，常用于与夏季、清凉、补水、自然等相关的主题，如图1-16所示。

图 1-16　将明亮的蓝色应用于夏季家电营销海报中

- **白色**。白色会营造一种高级和科技的感觉，纯白色会带给人寒冷、严峻、简洁、利落、干净的感觉，所以在使用纯白色时，都会融入一些其他的色彩，从而形成象牙白、米白、乳白、苹果白等。在色彩搭配中，当白色与暖色（红色、黄色等）搭配时，可以带给人舒适华丽的感觉；当白色与冷色（蓝色、紫色、绿色等）搭配时，可以带给人清爽、轻快的感觉。

- **绿色**。绿色会营造出与健康相关的感觉，所以也经常用于与健康主题相关的设计中。当绿色和白色搭配使用时，可以给人自然清新的感觉，如图1-17所示。当绿色和红色搭配时，可以给人鲜明且丰富的感觉。同时，绿色还可以适当缓解眼部疲劳，属于耐看色之一。

图 1-17　绿色和白色的搭配效果

（二）视觉文字

视觉色彩能使画面变得生动，视觉文字则能增强视觉营销效果，提高画面的诉求力，直接影响信息的传达。

1. 字体的类型

不同的字体类型可以带给人不同的视觉感受，传统的字体类型可分为楷、草、隶、篆、行5种。而从视觉感观与应用的角度来讲，还可以把字体类型分为宋体类、黑体类、书法体类和艺术体类4种。

- **宋体类**。宋体是比较传统的字体，其字形较方正、纤细，结构严谨，笔画横平竖直，末尾有装饰，整体给人一种秀气端庄的感觉，在保持极强笔画韵律性的同时，能够给人一种舒适醒目的感觉。宋体类的字体有很多，如华文系列宋体、方正雅宋系列宋体、汉仪系列宋体等，常用作商品海报中的装饰字体，如图1-18所示。

方正粗雅宋

端午粽礼

华文中宋

端午粽礼

图1-18 宋体类

- **黑体类**。黑体又称方体或等线体，没有衬线装饰，字形端庄，笔画横平竖直，笔迹粗细几乎完全一致。黑体的商业气息浓厚，其"粗"的特点能够满足消费者对于文案"大"的要求，可用于科技、数码、运动等商品海报或商品详情页等大面积使用文字的页面中。常用的黑体有思源黑体、方正黑体简体、方正大黑简体等，如图1-19所示。

思源黑体 CN

舒适动听

方正大黑简体

舒适动听

图1-19 黑体类

- **书法体类**。书法体是指具有书法风格的字体，主要包括隶书、行书、草书、篆书和楷书等类型的字体。书法体能赋予商品较强的文化底蕴，字形自由多变、顿挫有力，力量中掺杂着文化气息，常给人一种古典文化的美好意境，如图1-20所示。

方正行楷

安吉白茶

方正隶书简体

安吉白茶

图1-20 书法体类

- **艺术体类**。艺术体是指一些非常规的特殊印刷字体，一般是为美化版面而采用的。其笔画和结构大都进行了一些形象化处理，常用于商品海报制作或模板设计的标题部分，可提升艺术品位。常用的艺术体包括方正喵呜体、汉仪丫丫体简、金梅体、汉鼎体、文鼎体等，如图1-21所示。

图1-21　艺术体类

素养课堂

　　在选用字体时，需要注重字体版权，有些字体（如方正字体、汉仪字库、造字工坊等）需要获得商业授权才能用于商业用途（个人、企业或公司出现收益的行为，即以营利为目的的活动）。设计师应提升自己的版权意识，避免后续出现版权纠纷。

2．文字的组合

　　当确定画面中运用的字体后，还需要对文字进行组合排版，让画面的展现效果更加完整、美观，也让商品信息展示得更加清楚直观。

　　（1）文字的可读性

　　文字的主要功能是在视觉营销过程中，传递商品信息和商家需要表达的意图，要达到这一目的还需要考虑文字的整体效果。因此，在视觉设计过程中可以采用以下4种增强文字可读性的方法，避免文字的组合繁杂凌乱，让消费者易认、易懂。

- 文字表达的内容要清晰明了，让消费者一眼就明白商家表达的主旨。
- 除非需要某种模糊的效果，否则要避免使用不清晰的字体。
- 不要使用过小的字体。
- 注意文字的浏览顺序，一般的浏览顺序为从左至右，因此，需要将重点内容放到左边，方便消费者浏览。

　　（2）根据风格选择字体

　　在视觉营销的设计过程中，设计师还需根据商品的风格和类目选择字体，如

可爱风格的女装店铺，可选择幼圆体为主要字体，同时选择少女体、童童体和卡通体为辅助字体。时尚、潮流、个性风格的店铺则可选择思源黑体、准黑和细黑等方正字体为主要字体，并且在设计时还可选择大黑、广告体和艺术体为辅助字体。图1-22所示的海报主要体现电动车的潮流和科技感，使用极具个性的艺术体，不同大小的中文文字、英文字母，结合赛博朋克风格的配色，体现出该品牌电动车的潮流、时尚。

（3）字体的搭配

字体的重要性仅次于色彩，在进行视觉设计时也要考虑字体的搭配。一般来说，同一个画面中的字体尽量保持在2～3种，多则会使画面变得复杂，影响消费者对信息的接收。字体在画面中一般可分为标题字体和正文字体，标题字体的文字数量较少，但字形设计比较突出，可快速吸引消费者的注意力。正文字体的文字数量较多，占用面积较大，其字形变化较小，更强调易读性。因此，标题字体一般用于小区域的文本而非正文文本中，其样式比应用于正文的字体更为复杂华丽，这种复杂性决定了它更适合用于小段标题或副标题。图1-23所示的"随时随地　想买就买"为标题字体，字数较少、内容简练，字体字号最大，色彩最明显，用于突出主题。底部的文字较小，内容较多，主要用于说明营销活动，展示了活动类别、活动参与方式及活动时间。

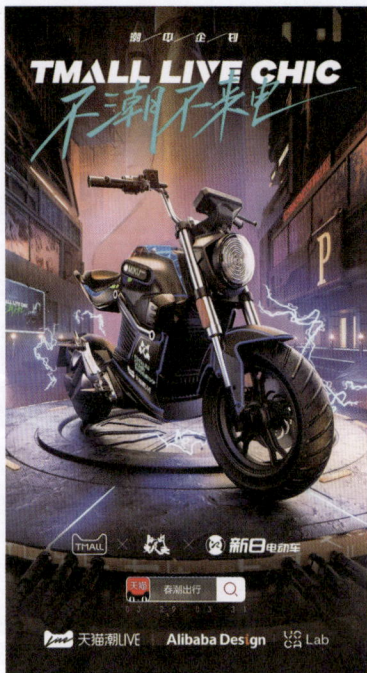

图1-22　根据风格选择字体

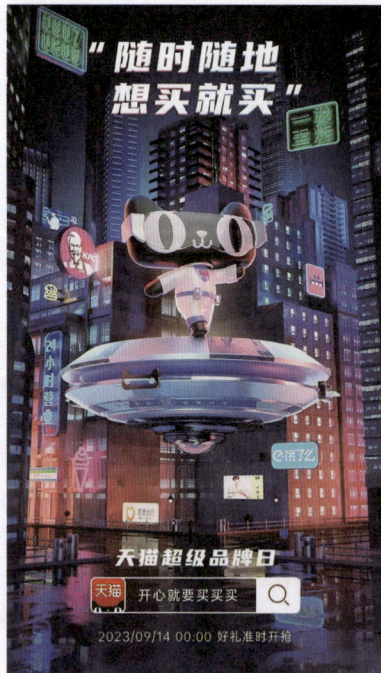

图1-23　字体的搭配

（三）视觉构图

在视觉营销设计中，合理的构图能够规划重点，区分信息表现的先后顺序，更好地展现商品和营销信息，使消费者快速地在画面中找到想要的东西。常用的构图方法有以下几种。

- **平衡式构图法**。在视觉设计中，平衡感是很重要的，一般情况下，为保证视觉平衡，会使用左图右文、左文右图、上文下图、中心构图等构图方式，图1-24所示为左图右文构图，左侧的商品和右侧的文字达到了视觉平衡效果；图1-25为中心构图，将主要内容放在画面中央，在周围用一些装饰元素作为点缀，同样具有视觉平衡感。注意平衡式构图法只需要视觉元素相对平衡，如果视觉元素大小完全一致，画面会显得机械、呆板。

图1-24　左图右文构图

图1-25　中心构图

- **切割构图法**。简单的三角形、正方形、长方形和圆形，甚至几根线条就可以组成很多有趣的图形，符合现代人的审美需求。适当的画面切割能够增强页面的动感与节奏感，加入几根线条、几个块面就能使画面产生意想不到的效果。设计时需要注意，素材不宜太过复杂和花哨，一般以纯色或是大块渐变色进行搭配，如图1-26所示。

图 1-26　切割构图法

- **放射构图法**。放射构图法是指以主体物为核心，将核心作为构图的中心点并向四周扩散的一种构图方式。这种构图方式可以让整个画面呈现出一种空间感和立体感，极具视觉冲击力，同时将消费者的注意力快速集中到展现的主体物上，产生强烈的引导作用。采用这种构图方式要注意文字的排版，在文字较多的情况下，不建议采用这种构图方式。图 1-27 所示为放射构图法的示例。

图 1-27　放射构图法

- **韵律式构图法**。视觉整体的韵律感与音乐中的韵律相似，视觉设计也需要节拍、节奏及各种元素的组合，形成统一、连贯、舒适的视觉效果。电子商务视觉营销中的设计元素，在形态上讲究点、线、面、体的规律性变化，结构形式上讲究疏密、大小、曲直等变化，这就如同音乐中的节奏韵律，赋予了页面活力和生命，也带给消费者更美妙的体验。特别是在进行商品促销页面的设计时，更需要注意节奏感，要使商品排列疏密有序，不过于紧密，如图1-28所示。

图 1-28 韵律式构图法

- **流程构图法**。流程构图法类似树杈结构，以流程图的方式展示商品。这种构图方式能够将各步骤、各个节点及整体流向展示清楚，配合图片展示，将一个枯燥的流程瞬间变得个性十足，让消费者浏览起来更加轻松，并且充满趣味性。图1-29所示为流程构图法的示例。

图 1-29　流程构图法

三、任务实训——赏析苏州博物馆旗舰店移动端首页

1. 实训要求

结合本任务所学知识，赏析苏州博物馆旗舰店移动端首页，如图 1-30 所示，了解苏州博物馆旗舰店移动端首页中的色彩、构图、文字等内容，学习其色彩搭配和版式布局的方法。

2. 实训目标

（1）掌握首页的色彩搭配和布局方法。

（2）掌握文字的表现方式。

3. 实训思路

步骤01 ▶ 打开苏州博物馆旗舰店移动端首页，经观察该店铺首页主要采用明度较高、纯度较低的青色和粉色为主色，属于较明亮、淡雅的色彩，符合博物馆的气质。

步骤02 ▶ 文字字体以宋体、黑体为主，画面简洁、大方，宋体为页面增添了古典韵味，黑体则有助于清楚、直观地展现信息。文字色彩主要采用黑色、白色和红色，其中红色主要运用在活动、价格等信息上，能有效营造活动氛围，激发消费者的购买欲。

步骤 03 ▶ 页面布局综合运用了韵律式和平衡式构图法，页头为活动信息展示，下方为新品推荐及各类商品展示，每个板块疏密有序。整个页面布局板块清晰，视觉平衡，给人一种简洁、大方的感觉。

图 1-30　苏州博物馆旗舰店移动端首页

四、任务考核

观察图 1-31 所示的一组商品海报，分析海报中的色彩、文字及构图。

图 1-31　商品海报

任务三　提炼视觉创意

好的视觉营销不单要画面美观，还要展现商品的创意点，通过创意点吸引消费者注意，这样才能增强消费者的购买兴趣，最终促成商品的成交。

课堂讨论

针对下列问题展开讨论：
（1）如何在视觉效果中体现商品的创意点？
（2）如果需要参加"双11"活动，怎么在活动中提炼创意？

一、任务目标

在视觉营销的过程中，可通过商品和活动两个途径来提炼创意，本任务将帮助读者从视觉创意的角度，分析如何通过商品视觉创意和活动视觉创意来增强消费者的购买兴趣。

二、相关知识

（一）商品视觉创意

长期以来，很多店铺的各种商品展示中，存在描述单一、缺乏创新等问题。而如何在视觉上展示出商品独特的形象，使商品既有所创新，又区别于其他同类商品，是商品视觉创意的关键。有创意的广告或商品描述能提高商品被认知的程度，而一个创意效果图要从众多效果图中脱颖而出，就必须有独特的视觉创意点。因此，一个新颖的视觉创意表达，会让商品"跳入"消费者的视线中，从而刺激消费者购买。图 1-32 所示为两张坚果海报，左侧海报以"撞"为创意点展开视觉设计，通过调料撞击坚果表面的激烈场景，结合"撞出新滋味""味不可挡"等文案，凸显坚果的味道十足；右图则采用了拟人和夸张的表现手法，将瓜子拟人化为厨师，通过夸张的动作和飞溅的料汁，呈现出厨师卖力制造美味瓜子的场景，结合"就是好吃"文案，从视觉上刺激消费者的味蕾，使消费者对商品产生好奇和信任，进而愿意购买商品。

图 1-32　坚果海报

（二）活动视觉创意

商品视觉营销主要是针对商品的营销，而活动视觉营销首先需要考虑活动的主题，并根据主题运用恰当的色彩和风格，最终达到吸引流量、提高商品销量的目的。虽然不同活动在视觉表现上有所不同，但是其核心都是相同的，主要包括有创意、有特点、有促销、有力度等。

一个完整的活动视觉创意首先需要明确营销活动的类型，然后规划一个较完善的活动方案，再根据方案进行活动视觉设计。

1. 活动的分类

营销活动类型主要有促销活动、热门主题活动两种。

- **促销活动**。促销活动是主要围绕节日、季节等展开的活动，包括官方活动及店铺自身的活动。官方活动是由平台营销部、市场推广部整合运营而推出的活动，主要面向所有消费者；而店铺自身的活动则是针对商品自身的特点，结合店庆、节日、创意等，阶段性地策划的创意促销活动。

- **热门主题活动**。热门主题活动与线下热门活动类似。

2. 活动方案的规划

确定活动类型后，即可规划活动方案，便于后期实施，活动方案的规划主要分为以下 5 个步骤。

- **确认卖点**。找到消费者关注的利益点，并抓住商品的核心卖点，在促销活动中将其体现出来。
- **确认消费者群体**。明确商品的消费者群体，并根据消费者群体考虑活动价格是否下调，并估算影响程度。
- **确认促销策略**。当确认消费者群体后，还需选择合适的促销策略，常见的促销策略包括打折、满减、抽奖等。
- **确认推广方案**。不同网站采取的推广方式有所区别，以淘宝网为例，常见的推广方式有站内推广和站外推广两种，站内推广包括直通车、引力魔方等推广方式，而站外推广则包括论坛、微博、微信、淘宝客等推广方式。
- **确认预算**。做任何事情时，都需要考虑投入产出比，做好预算。预算包括活动成本、前期推广费用等基本成本。此外，还需要考虑人力成本和物流成本。

3. 活动视觉设计

活动视觉设计是活动方案的最后一步，也是关键的一步，它决定着活动能否成功。在活动视觉设计中，可将设计的过程分为以下 5 个步骤。

- **思考活动方案**。策划人员拟出活动方案，联合美工人员，发现创意点，并将其拟定成方案细则。
- **确定设计思路**。策划人员确定活动方案后，确定投放广告的位置、尺寸和时间，让美工人员明确本次活动的规划。
- **确定设计风格**。美工人员根据创意点，收集设计过程中需要用到的素材，并结合活动数据和期望达到的效果，确认设计风格。
- **设计活动页面**。根据设计思路和设计风格，规划并设计活动页面，使活动页面满足活动的需求。
- **设计活动推广图片**。查看店铺的整体风格，有针对性地对活动推广图片进行设计，并将推广信息和促销内容融入图片中，使商品卖点体现得更加具体。

三、任务实训——分析"双11"活动海报

1. 实训要求

"双 11"活动是一种促销购物活动，活动的目的是吸引消费者到店进行消费，因此，设计"双 11"活动海报是电子商务视觉营销设计的重要工作。图 1-33 所示为某食品店铺的"双 11"活动海报。参考效果，要求从活动目的、卖点、促销策略和活动视觉设计要点等方面分析该海报的视觉营销。

图 1-33 "双 11"活动海报

2. 实训目标
（1）掌握活动海报的视觉表现方式。
（2）能够分析并理解活动海报的规划。

3. 实训思路

步骤 01 ▶ 分析活动目的。"双 11"活动的主要目的是迎合淘宝网年度"双 11"活动，并提高店铺销量，因此海报中应着重体现"双 11"主题。图1-33所示海报通过两处较大的"11.11"文字来体现活动主题。

步骤 02 ▶ 分析卖点和促销策略。活动的目的是提高商品销量，因此促销信息是活动海报的主要卖点，也是消费者最为关注的利益点。图1-33所示海报通过"好旺价到""2件9折 3件8折"文字体现促销内容。

步骤 03 ▶ 分析活动的视觉设计。活动视觉设计主要是根据店铺的整体风格进行定位，以商品的场景展现或是模特展现为视觉设计背景，让商品能够更加直观地展现在消费者眼前，并通过促销文字，使视觉设计元素和营销信息融合。图1-33所示海报以该品牌的IP形象旺仔在旺旺街区推购物车的场景为主，将该品牌多种商品放置在街区和购物车中，给消费者留下强烈的品牌印象，再运用醒目的促销文字，让促销信息直观地展现在消费者眼前，营造出热烈、欢快的活动氛围。

四、任务考核

观察图 1-34 所示的 3 张中秋节借势营销海报，简述 3 张海报的视觉创意点，分析其视觉体现方式是否相同？是怎么进行视觉体现的？然后分析 3 张海报的活动视觉设计要点。

图 1-34 中秋节借势营销海报

拓展延伸

（一）视觉营销的误区

很多店铺在做视觉营销的过程中都存在一些误区，常见的 3 种误区如下。

- **盲目展示**。盲目展示是常见的误区之一。很多商家希望在有限的画面中展示更多的信息，这种盲目的堆积往往会引起消费者反感，因为在浏览页面时，消费者捕捉到的重点信息是有限的，所以如何将信息表达得更精准、更简洁是设计的重点。

- **无风格的定位**。店铺风格的定位体现了店铺的层次和特色，主要表现在海报、商品展示等设计方面。繁杂的排版、不同风格的模特、冲突的色彩等问题会造成商品定位混乱，从而引起消费者视觉上的混乱。

- **页面失衡**。如果页面设计或内容布局缺乏平衡感和协调性，会导致消费者浏览体验不佳，甚至可能影响转化率。例如，页面元素在布局上分布不均，一边过于拥挤，一边过于空旷；重要元素被放置在页面的角落或边缘，难以引起消费者的注意；页面色彩搭配过于突兀或不和谐，导致视觉疲劳；图片和文字排版混乱、比例失调，使得消费者难以阅读和理解页面内容。

（二）色彩搭配方法

视觉设计中一般不单独使用一种色彩，而是将多种色彩搭配使用，不同的色彩搭配将直接影响整个设计的基调。下面介绍几种常用的色彩搭配方法，帮助设计师快速选择合适的色彩进行搭配。

- **对比色调搭配方法**。把色相完全相反的色彩搭配在同一个空间里，如红与绿、黄与紫、橙与蓝等。这种色彩搭配方法可以产生强烈的视觉效果，给人亮丽、鲜艳、喜庆的感觉。当然，使用对比色调时要把握"大调和，小对比"原则，即总体色调应该是统一和谐的，局部可以有一些小的强烈对比。
- **暖色调搭配方法**。把红色、橙色、黄色、赭色等暖色进行搭配，可使画面呈现温馨、和煦、热情的氛围。
- **冷色调搭配方法**。把青色、绿色、紫色等冷色进行搭配，可使画面呈现宁静、清凉、高雅的氛围。

实战与提升

（1）假设某定位为舒适、自由的女鞋店铺要上新一款小白鞋，应如何对小白鞋促销海报进行视觉设计？如何在海报中体现营销信息？如何制订视觉营销方案？

（2）一家主营男士剃须刀的生活电器店铺要参加"6·18"促销活动，需要对店铺首页的整体视觉效果进行规划和设计，在设计中主题色彩该怎么选择？文字选择需要注意哪些方面？

提示：根据活动的类型选择主题色彩，并根据活动的内容选择适合的文字。

PART 02

项目二
视觉营销的主要应用

　　商品的基本信息几乎都可以通过图片、文字、视频的形式进行呈现，而营销则是商家展示商品促销内容的有效途径，能更有效地促成商品成交。一家店铺要想较好地展现视觉效果和营销内容，可从店铺首页、商品和短视频3个方面入手。

【知识目标】
　　· 掌握店铺首页和短视频的视觉营销。
　　· 掌握主图、商品详情页、直通车图、引力魔方图等的视觉设计。

【素养目标】
　　· 增强素材搜集与分析能力，提升营销思维。
　　· 具有职业道德，诚信做人，踏实做事，不虚假营销。

学习导图

案例导入

图2-1所示为大疆官方旗舰店首页，该首页上半部分宣传了正在促销的商品，并运用红色营造火热的促销氛围，刺激消费者购买欲。下半部分主要展示了各类商品，通过精致的商品模型和精美的实拍图，展现了商品的出色外观和强大性能，页尾还罗列了服务保障，展示了品牌历史和设计理念，有助于提升消费者的信任感。

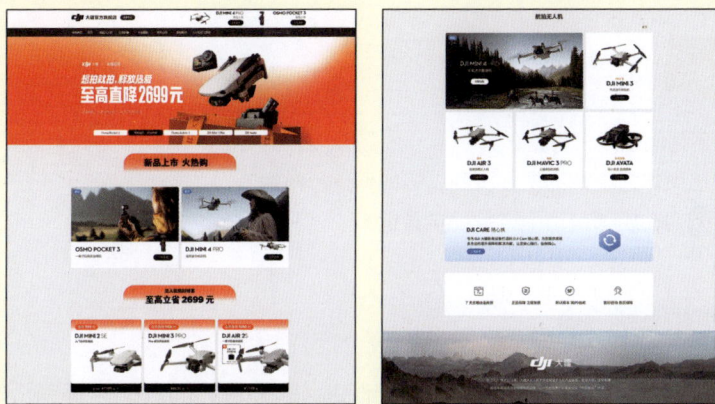

图2-1 大疆官方旗舰店首页

除了在店铺首页注重视觉营销设计外，该品牌在展示商品时也进行了视觉营销设计，如图2-2所示，不仅运用了短视频、图片、文字等丰富的视觉展现形式，还在商品详情页中对配件进行了推荐，给消费者更多的选择，从而提高店铺的流量和转化率。

作为"中国智造"的优秀代表之一，大疆的成功不仅源于不断的技术创新和研发实力，还借助电子商务视觉营销充分展示了自身的优势和特点，吸引消费者关注和购买。随着中国制造业的转型升级和互联网的发展，电子商务视觉营销将成为未来营销的重要趋势之一，为"中国智造"的发展提供更多的机会和挑战。

图2-2 该品牌商品的其他视觉营销设计

任务一　店铺首页的视觉营销

在电子商务视觉营销中，店铺视觉效果的好坏往往直接决定了消费者对店铺的印象，甚至影响着店铺运营的成效。店铺的视觉营销多通过首页进行展现，其视觉效果很大程度上决定着消费者对店铺的整体印象，一个视觉效果优秀的店铺首页更容易赢得消费者对店铺和品牌的好感。

课堂讨论

针对下列问题展开讨论：
（1）首页作为店铺的主要页面，该如何进行布局？
（2）如何在店铺首页中进行视觉营销？

一、任务目标

店铺首页视觉营销的目的是提高店铺商品的销量，而好的店铺首页视觉展现方式可突出和强化视觉效果，加深消费者对店铺的认同感。本任务将先讲解店铺首页的布局方法，再介绍首页的视觉营销价值，帮助读者了解店铺首页视觉营销的基础知识。

二、相关知识

（一）首页的布局

店铺首页是店铺展现商品的主要页面，有提高店铺形象、促进商品销售的作用。首页布局合理能够带给消费者很好的购物体验，给消费者留下良好的印象。首页的布局并不是对各个板块进行添加，而是需要根据店铺风格、促销活动，以及消费者的浏览模式、需求及行为来合理布局。

- **首页的第一屏整体时尚、美观。** 店铺首页的第一屏是首页中浏览率较高的区域之一，该区域决定了消费者对店铺的第一印象，如果该区域设计得不够出色，那么消费者就会失去继续浏览下去的动力。在展现该区域时，应该着重展现店铺的重要信息，如热销的商品、商品的分类、促销活动等。
- **首页下半部分要整洁、统一、有层次感。** 店铺首页的整体布局要统一、有层次感，这样更利于消费者浏览。为了让店铺更具视觉感，可以对每个板块进行调色，用不同的颜色刺激消费者的视觉，让其能够区分并定位不同板块，从而快速找到需要的商品。

（二）首页的视觉营销价值

店铺首页的视觉效果会直接影响店铺的流量，为了设计出具有吸引力的店铺首页，满足目标消费者需求，设计师需要了解店铺首页的视觉营销价值。

- **展示商品。** 店铺首页中展示的商品主要是店铺的主推商品，如优惠活动商品、上新商品等，通过店铺首页能够将其更好地展现在消费者面前，从而促进商品销售。
- **树立品牌形象。** 店铺首页可以非常直观地传达出该店铺的风格，树立品牌形象，能给每一位消费者留下深刻的第一印象。
- **展示促销信息、优惠活动。** 店铺首页是整个店铺的门面，有非常好的资源位置，为了突出店铺的促销信息和优惠活动，一般可以将这些信息放在首页中进行展示，有很好的营销效果。

三、任务实训——赏析全友家居旗舰店首页

1. 实训要求

结合本任务所学知识，赏析图 2-3 所示的全友家居旗舰店首页，从视觉设计的角度出发，分析首页中各模块的视觉营销价值和布局要点，并说明这些布局要点有什么作用。

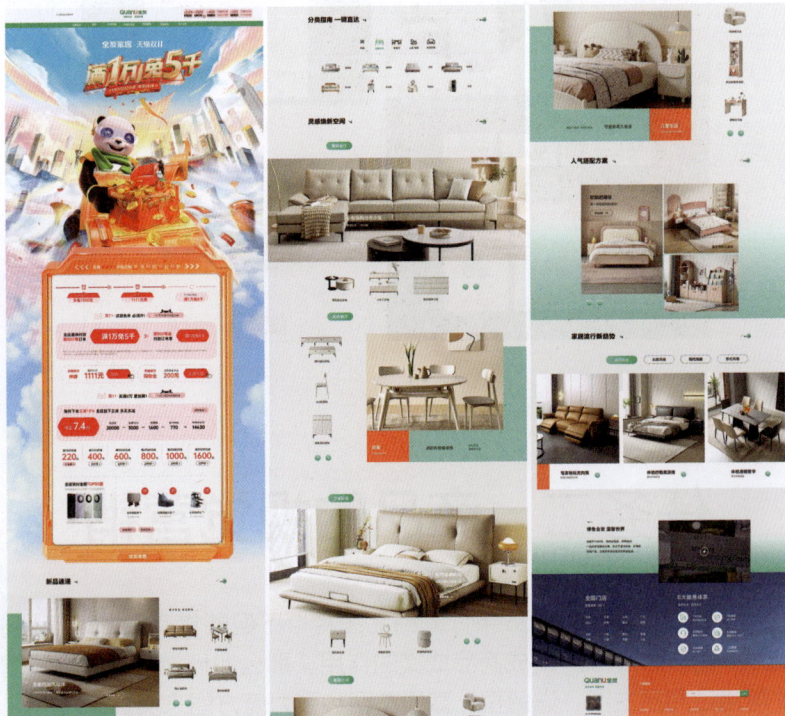

图 2-3 全友家居旗舰店首页

2. 实训目标

通过赏析全友家居旗舰店首页，掌握店铺首页的布局和视觉营销方式。

3. 实训思路

步骤01 ▷本首页在第一屏主要展示促销信息和优惠活动，能产生很好的营销效果。下半部分则以展示商品为主。整个首页既展示了新品、主推商品，又分板块展示了各类商品，促进消费者了解商品和购买商品。在首页底部还结合视频、图片、文字，展示了该品牌的理念、门店规模、服务体系、联系方式等，有助于树立品牌形象。

步骤02 ▷该首页以浅灰色为主色，搭配青色、橙色、蓝色，整体风格简约、清爽，与商品风格一致。第一屏的活动海报设计得清晰、醒目，能让消费者直观地看到重要的活动信息，激发其产生参与活动的欲望。在排列商品时，先将新品展示在前面，能够有效促进新品销售。各商品类目清晰明了，方便消费者快速找到需要的商品。亮点突出，重要的主推商品均以大面积图片展示，布局详略得当。

四、任务考核

观察图2-4所示的店铺首页，分析该首页的布局，及其是如何进行视觉营销的。

图2-4 店铺首页

任务二 商品的视觉营销

商品是店铺的主体，视觉效果好的商品图片，不但能将商品的优点展现出来，还能起到吸引消费者注意、促成商品成交的作用。那么如何让商品的视觉营销效果更好呢？可通过商品主图、详情页、直通车图和引力魔方图来实现。

课堂讨论

针对下列问题展开讨论：

（1）在浏览商品时，发现主图的视觉展现方法均不相同，怎么判断哪些主图具有营销效果？

（2）商品详情页与主图的视觉设计有相关性吗？

（3）商品直通车图和引力魔方图可以从哪些方面来进行视觉营销？

一、任务目标

主图是商品展示的门面，商品详情页是商品的详细说明，而直通车图和引力魔方图则是商品广告，这些途径都能很好地帮助商品营销。本任务将帮助读者掌握每种商品图片的视觉营销知识，从而更准确地营销商品。

二、相关知识

（一）主图的视觉营销

在商品搜索结果页中，用于展现商品的图片即为主图，主图是体现商品视觉效果的重点。一款商品一般有5个主图位置用于展示商品，设计师要利用好这些主图展示位，让每张主图都言之有物，进一步吸引消费者了解商品，从而促进商品销售。这就要求设计师充分了解商品主图的展示逻辑，具体包括以下3个方面。

- **主图卖点清晰且有逻辑。**卖点是指商品具备的别出心裁或与众不同的特色，既可以是商品的款式、形状、材质，也可以是商品的价格等。卖点清晰是指卖点的呈现要便于消费者识别，即使消费者的眼睛一扫而过，也能快速了解商品的优势。并且卖点还要有逻辑，要从商品的特征中寻找卖点，挖掘消费者重点关注的问题，并展现到主图中，这样才能吸引消费者。图2-5所示的耳机主图第1张、第2张图片虽然可以看出商品的整个轮廓效果，但背景过于单调，没有太多亮点；而第3张图除了对耳机进行展现外，还有逻辑地展现续航时间、高清音质、智能降噪等卖点，直击消费者痛点。

图2-5　耳机主图

- **主图素材选择要有逻辑**。在选择主图商品图片时，要选择能够完整展示商品功能、特点或优势的商品图片，以保证能通过商品形象让消费者感受到商品的卖点。一般来说，商品主图要选择清晰且能够体现商品整体或部分细节卖点的图片，图2-6所示的鞋子主图通过对全图和穿戴效果的展示，将商品特点和优势展现出来。

图 2-6　鞋子主图

- **主图展示顺序要有逻辑**。不同品类的商品，消费者关注的重点不同，设计师要根据商品特性，调整主图展示的卖点及顺序。商品主图的常用卖点展示顺序为整体形象、材质细节、色彩、款式、包装、用法、配件、赠品等。图2-7所示的有线耳机主图按照从左到右的顺序，分别展示了耳机的整体样式（是此类商品消费者最为关注的卖点）、耳机的细节结构、耳机的吸附功能等。

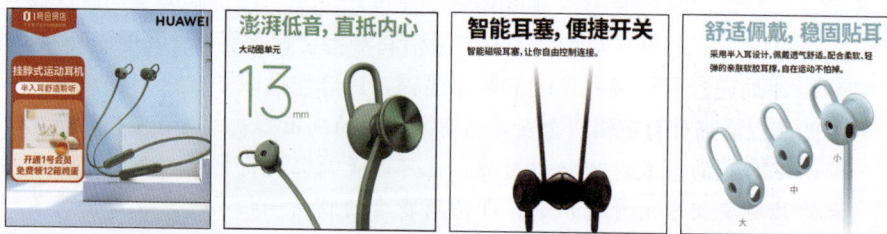

图 2-7　有线耳机主图

（二）商品详情页的视觉营销

商品详情页是影响店铺转化率的重要因素之一，当消费者进入商品详情页后，成功的商品详情页可以在第一时间留住消费者，使其继续向下浏览。通常商品详情页按照一定的逻辑推荐商品，如按照商品整体、商品细节、基本信息（尺码或参数）、模特图或实际使用图、售后和服务保障的顺序进行设计，会使消费者更好地了解商品，从而提升消费者的购买欲望。

商品详情页的主要任务是向消费者传达更多的商品信息，还要挖掘消费者对商品的真实需求，给消费者构建一个清晰的商品印象，使其对商品产生信任，最终促成其购买。图 2-8 所示为空调商品详情页（部分），详情页的不同内容可以依次对消费者产生以下视觉营销效果。

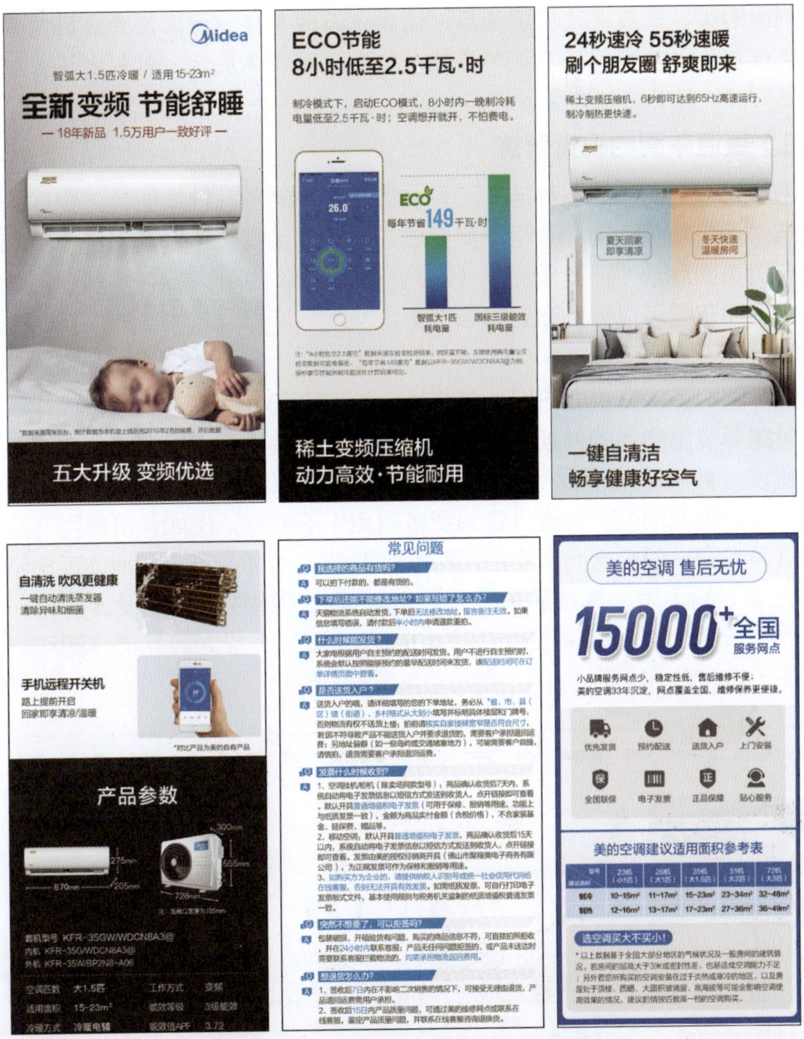

图 2-8　空调商品详情页（部分）

- **引起关注**。首先运用促销活动（活动折扣、赠品）、服务展示图（××空调售后无忧）、商品焦点图（智能变频　舒适安睡）等，从文案和图片多方面引起消费者对商品的关注。
- **引发兴趣**。接着展示商品焦点图，并对空调节能、快冷快热、材质质量等卖点进行介绍，契合目标消费者的需求，引发消费者继续浏览详情页、继续了解商品的兴趣。
- **加深了解**。通过对商品参数、安装、实际使用场景、服务常见问题等消费者需要了解的信息进行展示，加深消费者对商品的了解，如操作便捷、一键自清洁、远程遥控等，以及该商品包含的配件信息。

- **刺激购买**。最后通过展示售后、保养方面的事项，打消消费者的购物疑虑，促进销售。另外，还可添加品牌介绍和关联商品展示，以刺激消费者购买其他商品，提升店铺销量。

（三）直通车图的视觉营销

直通车是淘宝网中的一种推广工具，直通车中的创意推广图片主要展示在关键词搜索结果页右侧及底部的掌柜热卖区域、我的淘宝首页（根据浏览，猜我喜欢）、已买到宝贝页面底部（热卖单品）、收藏夹页面底部（猜你喜欢）。美观且能体现商品特性的直通车图可以提升商品的点击率。

1. 提高识别度

直通车图的识别度主要可以从美观性、价值匹配度两个方面进行优化。首先，视觉效果需要突出商品的外观优势，表现出一定的美观度和设计感。其次，直通车图的视觉设计效果要与商品的价格、定位等匹配，如价值499元的商品与价值49元的商品视觉表现相似，则难以让消费者有点击的欲望。例如，价格百元左右的手表，其直通车图一般包含商品实拍图和模特展示图两种，且较多地体现出亲民感；价格万元以上的手表，其直通车图一般有较强的规律性，视觉设计简约，版式高级，以品牌价值（通过品牌Logo等）和商品外观（一般为商品精修图和渲染图）展示为主，如图2-9所示。

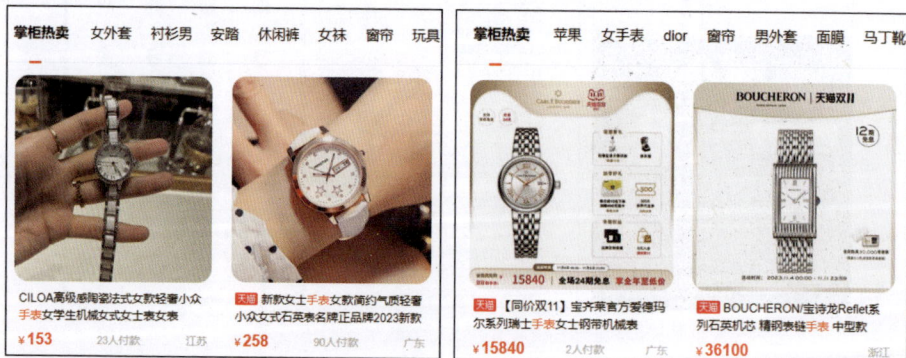

图2-9　不同价格商品的直通车图

拓展学习

主流电子商务平台中同类商品的推广竞争十分激烈，直通车的排名与商品搜索排名类似，因此具有较高识别度的直通车图更能获得消费者的点击。在淘宝中，搜索某商品的关键词时，可以搜索到大量相关商品，但消费者往往只会浏览搜索结果页前几页中的商品，在这些浏览的商品中，也只会点击视觉效果较好的商品。

2. 深挖消费者需求

直通车图的文案要从消费者的需求出发，并以文字的方式直接展现出来。以功能为主要卖点的商品，其直通车图一般都需要搭配精准的文案，如空调的"快速制冷""智能自清洁"。此外，利益是吸引消费者点击的重要因素，也是消费者最主要的需求之一，在直通车图中展示一定的利益点，可以有效提升点击率，如直接展示利益的"清仓处理""终身质保""领券减×元""品牌直营""厂家批发"等。

（四）引力魔方图的视觉营销

引力魔方是淘宝网提供的一种适用于移动端的营销工具，其位置众多，不同位置对应的引力魔方图尺寸、消费者需求也各不相同，其视觉营销设计也有所区别。

- **焦点图场景**。焦点图场景主要指淘宝网焦点图，该图位于手机淘宝首页第一屏左下方，是进入手机淘宝后的视觉中心，如图2-10所示，具有较高的曝光率和吸引力。作为首页中较为显眼的大幅广告图，在该场景的引力魔方图能够完全地展示商品与文案，是消费者打开手机淘宝就能优先看到的内容，因此大多通过鲜明的色彩、高质量的图片以及富有创意的设计元素，制造强烈的视觉吸引力，让消费者快速被吸引并产生兴趣。此外，其设计往往简洁明了，文案简短，只需清晰地展示核心信息，以便消费者能够迅速理解。

- **信息流场景**。信息流场景包括首页猜你喜欢（首页下方推荐板块）、购物中猜你喜欢（购物车底部）、购物后猜你喜欢（待收货底部）、红包互动权益（芭芭农场中）等，如图2-11所示，具有较高的点击率和转化率。该场景中的引力魔方图不应干扰消费者的正常浏览，因此视觉效果不应过于突兀，以避免产生强烈的广告感，而是应更加和谐地融入整体信息流场景。同时，为了在信息流中突出店铺或商品的特色和优势，引力魔方图可以在商品展现效果、图形、色彩、文案内容上更加注重创意和差异化。

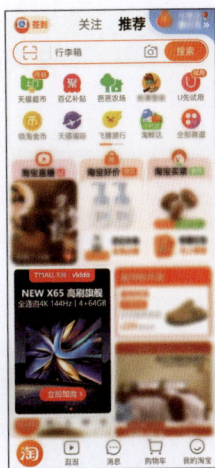

图 2-10　焦点图场景中的引力魔方图

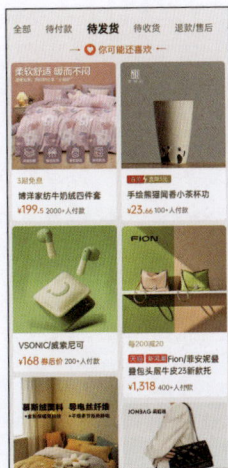

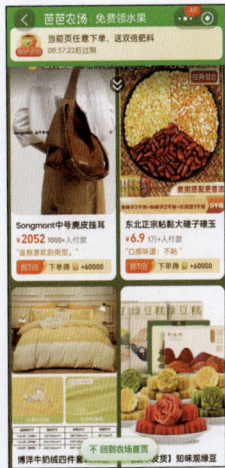

图 2-11　信息流场景中的引力魔方图

三、任务实训

实训一：分析茶叶主图

1. 实训要求

结合本任务所学知识，分析图2-12所示的茶叶主图的卖点展现和素材选择，总结每张主图的展现方式。

图2-12 茶叶主图

2. 实训目标

掌握主图的视觉营销展现方式。

3. 实训思路

步骤01 分析第1张图。该图以商品实拍照片为主，将茶叶包装盒和包装罐放于棕色背景中，色调与乌龙茶的茶色相似，整个效果不仅视觉美观，而且着重凸显了包装精美、小罐装茶叶的卖点，再通过简单的文字直观地展示商品卖点，吸引消费者，从而达到营销的目的。

步骤02 分析第2张图。该图以产地茶田为背景，凸显了天然、原生态的卖点，同时将商品包装盒和茶叶展示在主图中央，能让消费者更加了解商品，再在底部通过促销性的文字将价格优惠、享好礼的卖点展现在消费者的眼前。

步骤03 分析第3张图。该图仅展示了茶叶，凸显茶叶的品质，弱化茶叶包装。背景古朴、自然，同时以较大的文字凸显了茶叶卖点，视觉效果直接、有冲击力。

素养课堂

茶叶在我国有着深厚的文化底蕴和历史渊源，在与茶叶相关的电子商务视觉营销设计中，设计师需要先了解茶叶的文化和历史背景，深入挖掘其内在的文化内涵和特点，才能更好地将其呈现出来。另外，茶文化注重自然、和谐、平静的氛围，因此在进行相关设计时，可以合理运用色彩，营造一种宁静、雅致、温馨的氛围。例如，绿色和棕色可以表现茶叶的天然和健康属性，同时也可以传达一种自然、和谐的茶文化氛围。

实训二：分析五常大米商品详情页

1. 实训要求

结合本任务所学知识，分析图 2-13 所示的五常大米商品详情页的视觉营销效果，在分析时，先分析其整体视觉效果，再依次分析各板块的视觉营销展现。

图 2-13　五常大米商品详情页

2. 实训目标

掌握商品详情页的视觉营销展现方式。

3. 实训思路

步骤 01 ▷ 整体视觉。五常大米商品详情页主要采用中国风工笔画的设计风格，展现商品产地的青山绿水，传达浓厚朴实的乡土风情，营造悠闲舒适的田园氛围，符合目标消费者审美，也符合商品定位。整体色调以金色为主，文字以深红色为主，以大米包装相同的插画穿插在详情页各板块之中，强化商品包装精美的附加价值，令消费者更加心动。

步骤 02 ▷ 焦点图。以五常大米包装为展示重点，出色的视觉效果能第一时间吸引消费者眼球，使其愿意继续浏览商品详情页。背景运用与大米包装相似的图像，搭配恰当的文案，有效提高了商品的视觉效果，突出商品的外观优美、产地生态环境好。

步骤 03 ▷ 证书保证图。主要展示与商品相关的认证标准，有助于打消消费者顾虑，建立消费者对商品的信任。

步骤 04 ▷ 信息展示图。采用左图右文的排版方式，信息分类清楚，既具有排版上的美观性，又方便消费者快速识别。

步骤 05 ▷ 卖点和细节图。通过多个简练的小标题分别展示大米颗粒饱满的外观细节，以及优质的产地、香软口感、保鲜技术等卖点，直观的文字介绍便于消费者理解卖点，同时搭配精美的图像刺激消费者对商品卖点的联想。该板块内容虽多，但综合运用多种构图方式，能有效调节消费者的浏览体验，吸引其持续浏览。

步骤 06 ▷ 搭配展示图。通过展示商品使用效果，即白米饭、米粥、炒饭等五常大米烹饪成品，激发消费者的食欲和购买欲望，为消费者提供搭配意见，激发消费者的潜在需求，这样可以增加消费者的下单率。下方还提供煮饭建议，实用性强，有助于提升消费者对商品的满意率。

步骤 07 ▷ 页尾。该商品详情页的最后展示了企业背景，传达企业理念，可以让消费者更加了解企业及品牌，同时对企业旗下的其他商品进行介绍，可提升企业的销售业绩。

素养课堂

电子商务视觉营销在农产品的销售和推广中扮演着重要的角色，"十四五"电子商务发展规划曾提到：提高农产品标准化、多元化、品牌化、可电子商务化水平，提升农产品附加值。鼓励运用短视频、直播等新载体，宣传推广乡村美好生态。在互联网时代，消费者越来越注重商品的品质和外观，因此，农产品的包装、展示和宣传显得尤为重要，适当的电子商务视觉营销可以将自然生态、传统文化、手工艺等元素融入农产品视觉设计中，提高农产品的文化内涵和特色，从而促进乡村经济的发展和文化技艺的传承。

四、任务考核

观察图 2-14 所示的电煮锅商品详情页，分析该商品详情页由哪些板块组成，简述商家如何利用商品详情页进行视觉营销。

图 2-14　电煮锅商品详情页

任务三　短视频的视觉营销

短视频是一种新兴的互联网视频内容的传播方式，也是视觉营销的一种表达形式。无论淘宝、京东，还是其他电子商务平台的商家，都越来越多地通过短视频展示商品。这是因为相较于文字和图片，短视频可以快速传递商品信息，传达品牌形象，让消费者更直观地了解商品，促使消费者下单，最终提高商品销量。

课堂讨论

针对下列问题展开讨论：
（1）短视频是如何进行视觉营销的？
（2）短视频在视觉营销中具备哪些优势？

一、任务目标

对商家来说，要想在竞争日趋激烈的电子商务市场中获得更大的商机，需要懂得运用短视频进行视觉营销。通过学习本任务，读者可以了解短视频的特征与优势，及其视觉营销价值。

二、相关知识

（一）短视频的特征与优势

目前，电子商务平台很多利用图文展示的内容正在被更直观、生动的短视频取代。短视频能够让消费者快速了解商品的特点、功能与品牌理念等，从而引起消费者兴趣，让消费者产生购买意愿，而在利用短视频进行视觉营销前，应先了解短视频的特征与优势。

- **内容丰富、短小精悍**。短视频时长较短，一般控制在15秒到3分钟之间，涵盖内容广泛，主要包括技能分享、广告创意、商品推荐和商品展示等。这些短视频都具有短小精悍、主题多样、灵动有趣和展示全面等特性。与传统媒体相比，短视频节奏更快，内容更紧凑，更符合人们碎片化阅读习惯，传播更方便，也更能全面地展示商品信息。
- **视频要求不高**。短视频制作的成本低，制作门槛也比较低，商家只需要掌握简单的视频编辑软件，如剪映、会声会影等，即可完成短视频的制作，有时候只需要一部手机就可以完成短视频的拍摄、制作和上传。
- **富有创造性**。短视频内容更丰富，表现形式更多样化，更符合当下年轻人的需求。商家可以通过充满个性和创意的构思和编辑技巧，创作出精美的、有趣的短视频，表达自身的想法和创意。
- **观点清晰**。在快节奏的生活方式下，消费者在获取信息时习惯于追求"短、平、快"的预览模式。短视频传达的信息清晰、内容充实，能够在短时间内快速向消费者完整地展示短视频意图。

（二）短视频的视觉营销价值

在电子商务中，通过对短视频中的内容进行营销，不但能提高商品的变现能力，还能挖掘消费者价值，发现更多潜在消费者。

- **具备变现能力**。在内容呈现上，相较于传统的图文展示，短视频更加凸显商品的卖点，消费者在观看短视频时也更容易被短视频的内容所吸引，从而极大地提高商品营销效率，具备较强的变现能力。
- **提高转化率**。通过短视频展现商品或品牌，可以大幅减少品牌宣传或商品推广中品牌与消费者之间的沟通成本，吸引消费者自发转化为品牌的潜在消费者，从而为品牌挖掘更多的潜在消费者。
- **多感官营销**。短视频使原本单一的图文展示变为听觉和视觉集中体现，如通过视频加卖点文字并配合语音讲解的形式，多感官刺激消费者了解和购买商品。

拓展学习

对于电子商务类短视频而言，优美的视频画面只是基础，其核心在于向消费者展示商品和品牌，因此其内容应该主题鲜明，不能出现与商品、主题无关的视频画面。

三、任务实训——分析云鲸智能扫地机短视频

1. 实训要求

结合本任务所学知识，分析图 2-15 所示的云鲸智能扫地机短视频的视觉营销效果，要求先分析其视觉营销内容，再分析其特点。

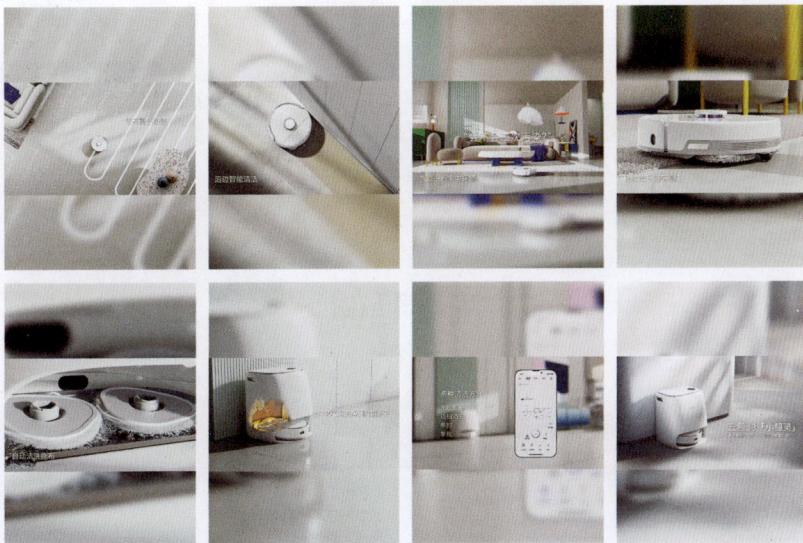

图 2-15 云鲸智能扫地机短视频

2. 实训目标

掌握短视频的视觉营销要点。

3. 实训思路

步骤01▶ 分析短视频内容。该短视频以使用扫地机扫地、拖地，以及清洁和收纳扫地机为内容主线，在家居环境中依次展现扫地机清洁、智能识别家中环境、自动抬升拖布模块、自动清洗烘干、App控制等卖点，各卖点展示清晰、直观，场景干净、简洁，能吸引消费者观看。

步骤02▶ 分析短视频特点。该扫地机短视频的时长为1分钟，符合其发布平台对于时长的要求，并且为了方便移动端消费者观看，该扫地机短视频采用了3∶4的竖向版式比例，符合移动端设备的显示特点，便于消费者完整观看短视频的内容，了解扫地机的具体信息。

四、任务考核

观察图2-16所示的鸡汤方便面短视频，思考该短视频是如何进行视觉营销的。

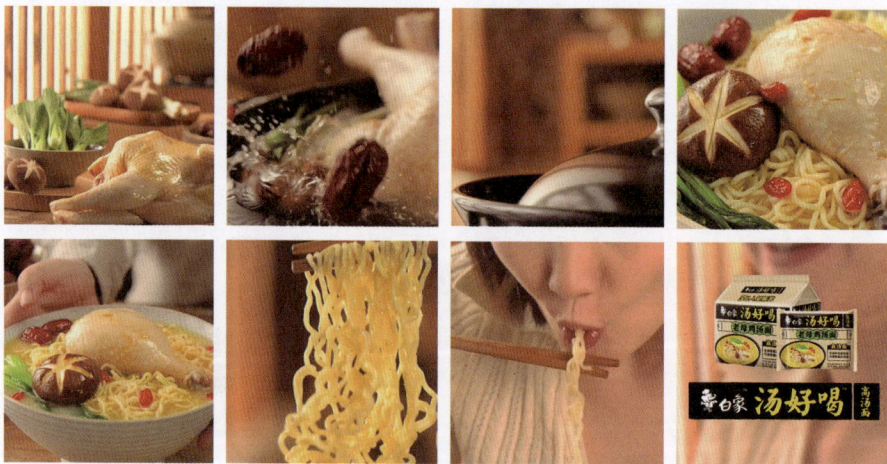

图2-16　鸡汤方便面短视频

拓展延伸

（一）商品卖点的展现方式

在电子商务视觉营销中，可以通过以下几种方式来展现商品卖点，吸引消费者注意并促进其购买。

- **高质量的图片**。提供高质量、高清晰度、多角度的商品图片，以便消费者可以直接看到商品的细节特点，如材质、工艺、配件等。
- **直观的文字说明**。可以通过文字描述商品的特点、优势和用途，同时搭配适量的图片，视觉效果应突出、易识别。
- **短视频展示**。短视频是一种更加直观、生动的展示方式，可以通过短视频结合配音，展示商品的特点、使用方法和效果等。
- **对比展示**。通过对比其他商品，可以突出自家商品的优势和特点，从而吸引消费者的关注。例如，可以通过对比不同品牌、型号的商品，来突出自家商品的性能、价格等方面的优势。
- **使用案例或者评价**。可以考虑在商品展现中加入消费者的使用案例或者评价，以便其他潜在消费者可以从真实的消费者经验中了解商品的优势和特点。通过展示消费者评价和口碑，可以让潜在消费者了解商品的优势和特点，使其更加信任和认可商品。

（二）电子商务视觉营销的其他应用

除了店铺、商品和广告外，电子商务视觉营销还常用于商品和品牌营销的其他方面，如包装视觉设计、商品标签设计等也属于电子商务视觉营销的应用，甚至售后服务、消费者关系维护等环节的视觉应用规范，也可以划分到视觉营销的范畴。

实战与提升

（1）"小雨巴巴高档童装"是一家针对 0～6 岁儿童的童装店铺，其店铺宗旨是"呵护孩童健康，分享孩童成长好时光"，请策划该店铺的视觉营销设计，并对店铺的整体风格、色彩和商品视觉体现等进行思考与设计。

提示：先对童装做店铺定位，再确定店铺的整体风格，并根据风格确定主要颜色，然后进行颜色的搭配，最后确定各板块的内容与商品展现方式。

（2）为小雨巴巴高档童装店铺策划短视频，要求同步宣传实体店铺与网上店铺。

提示：针对网上店铺和实体店铺的宣传需求，策划短视频方案，并设计短视频的画面和文案内容。

PART **03**

项目三
商品图片的
拍摄与处理

视觉效果的好坏与拍摄技巧有直接关系，好的拍摄技巧能让商品展现效果更加突出。拍摄完商品图片后，为了让商品图片的展现效果更具吸引力，还需要选择合适的图像处理软件处理商品图片，提高商品图片的美观度。处理后的商品图片可直接用于商品的视觉营销，也可用于店铺的装修与美化。

【知识目标】

· 掌握商品的拍摄方法和商品图片的基本处理方法。

· 能够调整商品图片色彩并使用不同的方法抠取商品主体。

【素养目标】

· 培养商品摄影兴趣，树立正确的商品摄影观念。

· 培养对商品图片问题的分析能力。

学习导图

案例导入

图3-1所示为全友家居官方旗舰店首页的局部，在其中展示了不同风格和类型的家具，图片视觉效果美观、细节清晰可见，能够吸引消费者的目光并充分展示出商品特点。

图 3-1 全友家居官方旗舰店首页的局部

需要先对这些家具图片进行拍摄，再进行一定的美化、修饰和调色处理，在保证商品真实性的基础上，增强其表现力。此外，图3-1左图的左侧还展示了一系列简洁的灰底商品图片，这些图片一般通过抠图而来，使用Photoshop等后期处理软件抠取多余的商品图片背景，直接展示商品主体，从而打造简洁的视觉效果，让消费者快速识别商品。通过抠取背景的操作，还可以将商品主体合成到更具吸引力的背景中，打造出新颖独特的视觉效果，增强宣传效果。

该案例中商品的拍摄角度和图片的美化效果都非常好，不仅展现了商品的各个角度，而且商品图片清晰，页面排版简洁大气，文案搭配恰到好处，很容易吸引消费者目光。

任务一　商品的拍摄

商品的拍摄效果直接决定了商品图片的质量，好的商品图片能提升店铺流量，促进商品交易。因此，拍摄商品图片是处理商品图片的前提，熟练掌握商品图片的拍摄方法，是提升商品图片效果的关键。

针对下列问题展开讨论：

（1）你认为，日常生活中的拍摄与商品拍摄有什么不同？

（2）拍摄商品图片前后还需要做哪些工作？

一、任务目标

商品拍摄是传播商品信息、促进商品成交的重要手段，也是处理与美化商品图片的前提。通过本任务的学习，读者能够了解拍摄商品图片前的准备工作，掌握不同类型商品的拍摄方法，能更加熟练地掌握商品拍摄技巧。

二、相关知识

（一）拍摄前的准备工作

商品图片拍摄是一个需要策划与准备的工作，如全面了解商品、确定拍摄风格、制订拍摄方案、准备拍摄器材、制订拍摄规划表、明确拍摄步骤等，有序地进行前期策划与准备工作，可以使商品拍摄过程更加顺利。

1. 全面了解商品

拍摄商品图片前，需要全面了解商品的各种信息，如商品外观与外包装、商品特性与使用方法。在商品外观与外包装上，要认真观察与分析所拍商品的材质、做工、造型、颜色及外包装，以便拍摄商品时选择合适的背景与拍摄角度。在商品特性与使用方法上，要仔细阅读说明书，熟悉商品的功能、特性、清洗方法、保管方法和使用方法等，以便能准确地展示商品的亮点和卖点。

2. 确定拍摄风格

全面了解商品后，需要根据所拍摄商品的特点，并以同类商品的图片为参考来确定整体拍摄风格。例如，服装商品有文艺、复古、休闲、前卫等风格，一般情况下，需要根据商品自身的特点选择拍摄风格，然后与策划或运营等人员商定，最后再通过布景、后期处理等进行展现。

3. 制订拍摄方案

拍摄方案可以按以下流程进行制订。

* **进行商品分类。**在拍摄前，先根据拍摄中的可变因素对所有商品进行细致的分类，综合考虑商品的大小、材质、颜色等。

* **确定商品拍摄顺序。**对商品进行分类后，应有计划地安排商品拍摄顺序，先拍摄简单、易操作和易展现的商品，然后拍摄需要使用辅助器材或搭建复杂场景的商品。

4．准备拍摄器材

拍摄商品图片前，还需要准备拍摄器材，并认真检查所需器材，以确保拍摄能够顺利进行。常用的拍摄器材包括单反相机、遮光罩、静物台、三脚架、柔光箱、闪光灯、反光板、背景纸等。

- **单反相机**。单反相机又称单镜头反光照相机，是目前商品拍摄常用的相机。拍摄时可随意更换与其配套的各种广角、中焦距、远摄或变焦距镜头，拍摄出的照片清晰、质量高。除此之外，单反相机还具有很强的扩展性，不但能使用偏振镜、减光镜等附加镜头，还能在专业辅助设备的帮助下拍摄出质量更佳的照片，图3-2所示为常用的单反相机。
- **遮光罩**。遮光罩是安装在单反相机镜头前、用于遮挡多余光线的摄影装备。常见的遮光罩有圆筒形、花瓣形与方形3类，其尺寸大小各不相同，在选用前一定要确认好尺寸，做好与相机的匹配。图3-3所示为圆筒形状的遮光罩。
- **静物台**。静物台主要用来拍摄小型静物商品。标准的静物台相当于一张没有桌面的桌子，在其上覆盖了用于扩散光线的半透明大型塑料板，以便进行布光照明，消除被摄物体的投影，如图3-4所示。

图3-2　单反相机　　图3-3　圆筒形状的遮光罩　　图3-4　静物台

- **三脚架**。三脚架是用于稳定相机和手机的一种支撑架，如图3-5所示，三脚架有三个支脚，每个支脚都可以自由伸缩，以适应不同的拍摄主体和场景，顶部用来固定拍摄设备，如智能手机、数码相机。
- **柔光箱**。柔光箱能柔化生硬的光线，使光线变得更加柔和。柔光箱多由反光材料附加柔光布组成，柔光箱发光面更大更均匀、光线更柔美、色彩更鲜艳，尤其适合反光物品的拍摄，如图3-6所示。
- **闪光灯**。闪光灯能在很短时间内发出很强的光线，常用于在光线较暗的场合进行瞬间照明，也可用于在光线较亮的场合中对拍摄对象进行局部补光。闪光灯主要包括内置闪光灯、机顶闪光灯和影室闪光灯等类型，图3-7所示为机顶闪光灯。

图3-5　三脚架　　图3-6　柔光箱　　图3-7　机顶闪光灯

- **反光板**。反光板是拍摄时所用的照明辅助工具，能让平淡的画面变得更加饱满，起到突出主体的作用，如图3-8所示。反光板主要包括硬反光板和软反光板两种类型。
- **背景纸**。背景纸是商品拍摄过程中不可缺少的设备，它可以更好地衬托出商品的特点，让商品展示更加完美，如图3-9所示。背景纸的颜色丰富，但选择时尽量选择较为简洁的背景纸，防止背景纸喧宾夺主。

图3-8 反光板

图3-9 背景纸

5. 制订拍摄规划表

在拍摄前，应根据拍摄方案和商品特点制订一个拍摄规划表，以明确拍摄方向，这有利于掌握时间进度和拍摄张数。下面展示一款衬衫的拍摄规划表，如表3-1所示。

表 3-1 衬衫拍摄规划表

项目名称	拍摄要求	拍摄环境	拍摄张数
整体大图	挂拍正面、背面	摄影棚	8
多角度图片	侧拍、俯拍商品正面图（包括模特图）、商品背面图	摄影棚	6
参数信息	衣服平铺测量其尺寸	静物台	2
颜色与尺码	各种颜色单独拍摄、多颜色组合拍摄、多尺码整体拍摄	静物台	4
卖点细节	拍摄细节展示特写，包括以下几个方面 （1）款式展示：袖口、纽扣、胸标刺绣 （2）材质细节：微距拍摄面料、颜色 （3）做工细节：微距拍摄走线、布料	视具体内容而定	26
模特图	模特棚内拍摄、室外公园拍摄	摄影棚和室外	10
实力资质	商标、品牌吊牌、质检证书	静物台	2

6．明确拍摄步骤

拍摄商品大致可分为以下 5 个步骤：①首先多角度拍摄商品，包括商品的正面、背面、45°和内部结构，全方位的拍摄有助于消费者深入了解商品的整体外观，然后使用微距将商品的细节局部拉近放大拍摄；②多角度拍摄商品包装，然后再组合拍摄商品和商品包装；③拍摄商品的防伪标识等；④拍摄商品的使用过程，清晰地展现使用步骤；⑤组合拍摄多件商品。

拓展学习

商品细节的拍摄一定要清晰，建议使用微距镜头单独进行拍摄，不能直接在原来的全景图上进行裁剪。

完成前期准备工作后，即可按照计划拍摄商品。完成所有的拍摄工作后，还需要将拍摄的图片导入计算机，然后通过 Photoshop 等图像处理软件，在保证商品真实性的前提下，修复与优化商品图片的不足之处，如修复污点、修正曝光、调整偏色、调整饱和度、调整图片清晰度等。最后为商品图片添加文字和图形，以丰富其展现效果，还可以添加水印，防止图片被盗用。图 3-10 所示为商品图片处理前后的对比效果，处理后的商品图片还添加了卖点说明文字。

图 3-10　商品图片处理前后的对比效果

（二）拍摄商品图片

当选择好拍摄的辅助器材并制订拍摄方案后，即可根据拍摄商品的材质进行环境的搭建，完成后便可进行商品图片的拍摄。在拍摄时，往往会根据商品材质的不同选择不同方式的拍摄，常见的商品材质类型包括吸光类、反光类和透明类。

1．拍摄吸光类商品

吸光类商品主要分为全吸光类商品和半吸光类商品两类。其中全吸光类商品包括毛呢、布料、毛线、裘皮、铸铁、粗陶、橡胶等，而半吸光类商品则包括纸制品、质地细腻的纺织品、木材、亚光塑料、水果表面等。

- **全吸光类商品。** 全吸光类商品的表面结构粗糙，起伏不平，质地或软或硬，如图3-11所示。拍摄时可选择稍硬的光照明，布光要以侧光、侧逆光为主，照射角度宜低。
- **半吸光类商品。** 半吸光类商品的表面结构一般都较平滑，如图3-12所示。布光时主要以侧光、顺光、侧顺光为主。拍摄半吸光类商品时，灯光的照射角度不宜太高，这样才能拍摄出具有视觉层次和色彩表现的商品图片。

图 3-11　全吸光类商品　　　　图 3-12　半吸光类商品

拓展学习

另外，也可根据商品风格确定用光光质，风格严肃、强硬的商品（如钢笔、公文包、皮质长靴等），拍摄时可用硬光；风格优雅、柔和的商品（如丝质围巾、裙装、珠宝首饰等），拍摄时可用软光。

2. 拍摄反光类商品

反光类商品常见如不锈钢制品、银器、电镀制品、陶瓷品等，该类商品因为表面光滑，具有强烈的光线反射能力，图3-13所示为反光类商品。

图 3-13　反光类商品

因为拍摄反光类商品时不会出现柔和的明暗过渡的现象，所以拍摄出的商品图片缺少丰富的明暗层次，此时反光板的放置显得尤为重要。在拍摄时，可以将一些灰色或深黑色的反光板或吸光板放于被拍摄商品的旁边，让商品反射出这些光板的色块，以增加商品的厚实感。在拍摄该类商品时，灯光也很重要，可采用较柔和的散射光照明，这样不但能使色彩更加丰富，还能增加商品的质感。

拍摄反光类商品时需要具有一定的技巧，可将大面积的柔光箱和反光板放于被拍摄商品的两侧，并尽量靠近被拍摄商品，这样可形成均衡柔和的大面积布光，柔化光线，因为均匀、柔和的光线能够有效地降低商品表面的反光度，使其色调更加丰富，从而表现出光滑的质感。

3. 拍摄透明类商品

透明类商品常见如玻璃制品、水晶制品和部分塑料制品，这类商品可以让光线穿透其内部，因此通透性较强。拍摄透明类商品要表现其玲珑剔透的质感，因此，在选择布光方式时，常以侧光、侧逆光和底部光等为主，图 3-14 所示为透明类商品。

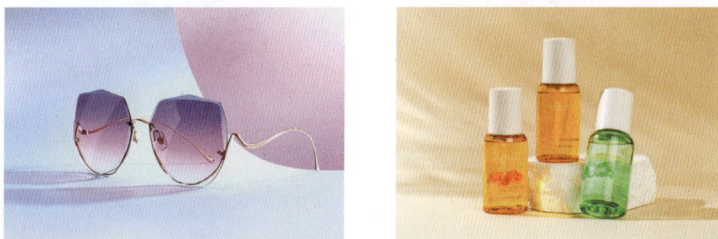

图 3-14　透明类商品

若在黑色背景下拍摄透明类商品，布光应该与被拍摄商品相分离，此时可在被拍摄商品两侧使用柔光箱或闪光灯添加光源，使商品主体和背景分开，再在前方或左右添加灯箱，将被拍摄商品的上半部分轮廓体现出来，从而表现出商品的透明度。如果被拍摄商品盛有带色液体或透明物，为了使颜色不失掉原有的饱和度，可在被拍摄商品背面贴上与外观相符的白纸，从而对原色进行衬托。

素养课堂

商品摄影师要树立仔细、细致的工作态度，尊重和认真对待商品摄影工作。拍摄商品时，要养成戴手套拍摄的好习惯。尤其是拍摄反光类和透明类商品时，还要将商品表面擦干净，不能留下指纹，避免影响商品的美观性。拍摄完毕后，所有摄影器材都应该放回原位，并要仔细擦洗被摄物体，去除灰尘和污垢，保证工作环境整洁、有序。

三、任务实训——拍摄一组保温杯商品图片

1. 实训要求

结合本任务所学知识，拍摄一组保温杯商品图片，在其中体现出保温杯的整体效果、结构和细节设计，并组合展示不同色彩、容量的保温杯，增加消费者对保温杯的了解。拍摄后的参考效果如图 3-15 所示（配套资源:\效果文件\项目三\保温杯商品图片）。

图 3-15　保温杯拍摄参考效果

2. 实训目标

（1）熟悉拍摄前的准备工作，并合理准备道具。

（2）通过拍摄保温杯，熟悉反光类商品的拍摄技巧。

3. 实训思路

步骤01 ▷ 在静物台上放置棕黄色卡纸和长方体道具，将颜色相同、容量不同的两个保温杯放在静物台上，打开杯盖。使用日光灯从左前方斜射保温杯，在保温杯前方放置三脚架，使用三脚架架上相机，将相机向下压，保持安静，避免出现噪声，俯拍保温杯。

步骤02 ▷ 在静物台上增加棕色绒布和长方体道具，将颜色不同的3个保温杯放在静物台上，略微降低机位，拍摄保温杯组合展示效果。

步骤03 ▷ 使用近距离的拍摄方法，拍摄模特按下保温杯盖按钮的场景，并拍摄杯盖、杯底等结构和细节的特写。

四、任务考核

观察图 3-16 所示的 3 张吸光类、反光类、透明类商品图片，简述其拍摄思路，并进行模仿拍摄。

图 3-16　吸光类、反光类、透明类商品图片

任务二 商品图片的基本处理

完成商品图片拍摄后，由于商品图片使用情况的不同，所需的尺寸大小也不相同。此时为了满足使用需求，可将商品图片裁剪为需要的尺寸大小。此外，在商品拍摄过程中，商品表面可能有灰尘，或商品存在瑕疵，或是因拍摄光线导致商品偏色，此时需对商品图片进行简单的处理，使其恢复原本的效果。本书中讲解的图片处理操作均采用 Photoshop 2022 软件。

课堂讨论

针对下列问题展开讨论：
（1）如果只需要展示商品图片的局部，该如何处理？
（2）拍摄的商品图片中有多余的人、物时，该如何处理？
（3）拍摄的图片中商品存在瑕疵时，该如何修复？

一、任务目标

通过学习本任务，读者可以掌握裁剪商品图片的方法，以及修复商品图片的方法，包括修复污点、瑕疵等，提升熟练处理商品图片的能力。

二、相关知识

微课视频

（一）裁剪商品图片

为了保证拍摄的完整度，拍摄商品图片时常对整个画面进行

裁剪商品图片

拍摄。但在实际应用中有时只需要商品图片中的某一个部分，此时需要将多余的部分裁剪掉，只留下需要的部分。本例将打开"落地扇.jpg"素材文件，裁剪多余的背景区域，使商品的展现更加突出，具体操作如下。

步骤01 ▶打开"落地扇.jpg"素材文件（配套资源:\素材文件\项目三\落地扇.jpg），如图3-17所示。

步骤02 ▶在工具箱中选择"裁剪工具"🔲，在图像中单击，此时在图像边缘将出现裁剪框，裁剪框上有8个控制点，用于调整和确认裁剪区域。

步骤03 ▶将鼠标指针移动至图像右上方的控制点上，单击并向左下方拖动；再将鼠标指针移至图像左下方的控制点上，单击并向右上方拖动，将落地扇置于裁剪框中央，如图3-18所示。

步骤04 ▶按【Enter】键即可完成裁剪操作，最后按【Ctrl+S】组合键保存文件，查看裁剪后的效果，如图3-19所示（配套资源:\效果文件\项目三\落地扇.jpg）。

图 3-17 落地扇素材文件

图 3-18 进行图像裁剪

图 3-19 查看裁剪后的效果

（二）修复商品图片

通常，没有经过处理的商品图片除了尺寸不符合需求，还可能存在污点、划痕、破损、瑕疵等缺陷，此时需要对商品图片进行修复，使商品图片更加美观。本例将去除粽子图片中的多余物体，修复粽叶中棕黄色的部分，最后优化粽子背景，具体操作如下。

微课视频

修复商品图片

步骤 01 ▶ 打开"粽子.jpg"素材文件（配套资源:\素材文件\项目三\粽子.jpg），按【Ctrl+J】组合键复制背景图层。

步骤 02 ▶ 在工具箱中选择"修补工具" ，在工具属性栏中设置扩散为"7"，在左下角的茶杯处按住鼠标左键绘制选区，框选茶杯及其阴影，如图3-20所示。

步骤 03 ▶ 将鼠标指针移至选区内，按住鼠标左键向右上方背景处拖动选区，此时可发现茶杯区域逐渐被拖动选区中的效果替代，如图3-21所示。

1.绘制选区
图 3-20 为多余的物体绘制选区

2.拖动选区
图 3-21 拖动选区

步骤 04 ▶ 去除多余的茶杯后效果如图3-22所示。由于修补区域与周围背景融合得不够自然，可先使用"套索工具" 为不自然的区域创建选区，然后在其上单击鼠标右键，在弹出的快捷菜单中选择"内容识别填充"命令，打开"内容识别填充"界面，Photoshop将在左侧图像编辑区中自动识别周围像素用于填充选区，识别的区域会叠加绿色显示，如图3-23所示。

图 3-22 茶杯去除效果

图 3-23 使用"内容识别填充"命令

步骤 05 在"内容识别填充"界面右侧的"输出设置"栏中设置输出到为"当前图层",单击 确定 按钮,可发现修补区域融合效果更加自然,若仍存在小部分不自然的区域,可使用相同方法进行修复,效果如图3-24所示。

步骤 06 选择"污点修复画笔工具" ,在工具属性栏中设置画笔大小为"300像素",画笔硬度为"49%",在图像右下方棕叶的棕黄色部分单击并按住鼠标左键不放进行涂抹,如图3-25所示。

图 3-24 修复效果

涂抹

图 3-25 涂抹棕叶的棕黄色部分

步骤 07 多次重复单击和涂抹,直至修复该棕叶的全部棕黄色区域,效果如图3-26所示。

步骤 08 选择"多边形套索工具" ,为图形上方深绿色的背景区域绘制四边形选区,如图3-27所示,使用"内容识别填充"命令修复该选区。

图 3-26 棕叶修复效果

图 3-27 为要修复的背景绘制选区

步骤09 ▶ 修复后，该区域中新出现了多余的粽叶，如图3-28所示。由于该处面积很小，因此可直接使用"污点修复画笔工具" 🖊 .涂抹该处，最终效果如图3-29所示（配套资源:\效果文件\项目三\粽子.psd）。

图 3-28　多余的粽叶

图 3-29　最终效果

三、任务实训

实训一：裁剪饮料图片主体

1. 实训要求

结合本任务所学知识，裁剪饮料图片，使饮料主体居中并突出显示。图 3-30 所示为本实训所用素材文件（配套资源:\素材文件\项目三\饮料.jpg）。完成后的参考效果如图 3-31 所示（配套资源:\效果文件\项目三\饮料.jpg）。

图 3-30　素材文件

图 3-31　完成后的参考效果

2. 实训目标

（1）掌握使用"裁剪工具"裁剪商品图片的方法。

（2）掌握突出商品主体的裁剪方法。

3. 实训思路

步骤01 ▶ 打开"饮料.jpg"素材文件。

步骤02 ▶ 选择"裁剪工具" 🔳 ，在图像中单击显示裁剪框，此时在图像边缘出现8

个控制点，拖动控制点确认裁剪区域。

步骤 03 ▷ 按【Enter】键完成裁剪操作，最后按【Ctrl+S】组合键保存文件。

实训二：修复衣服上的污渍和褶皱

1. 实训要求

结合本任务所学知识，修复图片中绿色衣服上的较多的褶皱，使衣服更加平整，然后去除白色衣服衣领上的黄色污渍，使其更加美观。该实训所用的素材文件如图 3-32 所示（配套资源:\素材文件\项目三\衣服.jpg）。完成后的参考效果如图 3-33 所示（配套资源:\效果文件\项目三\衣服.psd）。

图 3-32　素材文件　　　图 3-33　完成后的参考效果

2. 实训目标

（1）掌握"污点修复画笔工具"和"修补工具"的操作方法。
（2）掌握"套索工具"和"内容识别填充"命令的使用方法

3. 实训思路

步骤 01 ▷ 打开"衣服.jpg"素材文件，使用"套索工具" ◯ 框选褶皱较大的部分，然后使用"内容识别填充"命令进行修复。

步骤 02 ▷ 此时修复后区域的边缘与周围衔接得不自然，可使用"污点修复画笔工具" ◈ 涂抹不自然的区域。

步骤 03 ▷ 选择"修补工具" ❊ ，修复较小的褶皱。对于修补区域边缘过渡较为生硬的地方，可再次使用"污点修复画笔工具" ◈ 沿该边缘涂抹。

步骤 04 ▷ 使用"修补工具" ❊ 修复白色衣服衣领上的污渍，最后按【Ctrl+S】组合键保存文件。

四、任务考核

观察图 3-34 所示的处理便携榨汁机图片的过程图，思考适用的处理方法，并在 Photoshop 中打开素材文件（配套资源:\素材文件\项目三\便携榨汁机.jpg）动手操作。

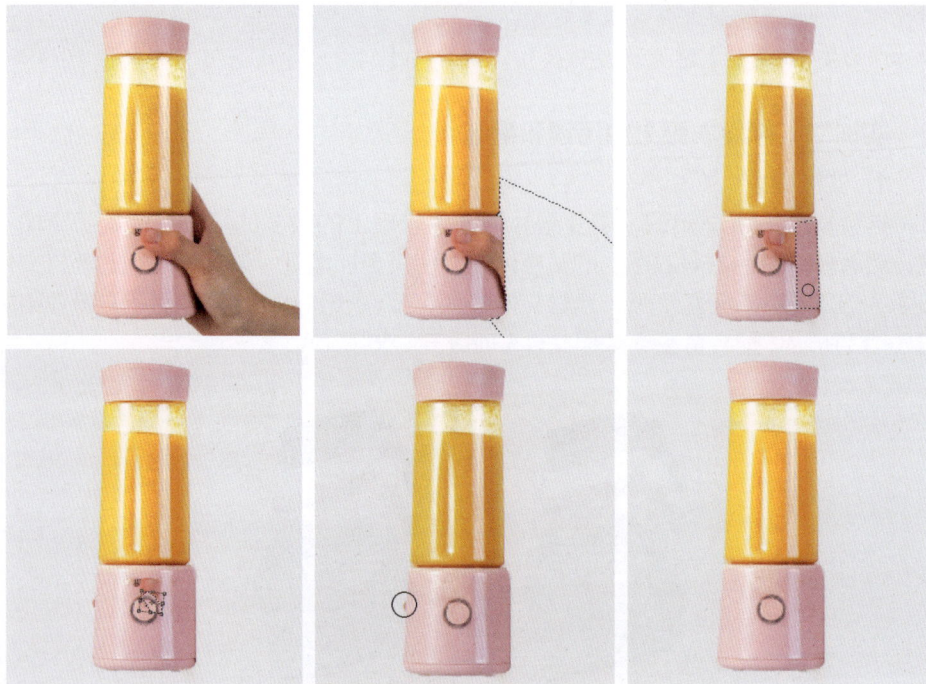

图 3-34 处理便携榨汁机图片的过程图

任务三 商品图片色彩的调整

受到拍摄光线和拍摄时间的影响，商品图片的展现效果可能无法还原商品真实色彩，或出现同一商品的多张图片其色调不一致的情况。为了保证商品图片整个色调和谐统一，向消费者展现真实的商品色彩，需要对商品图片进行调色处理，在保证商品图片不失真的情况下，使商品图片的展现效果更加统一、美观。

课堂讨论

针对下列问题展开讨论：

（1）商品原本是蓝色，拍摄的商品图片偏绿色该怎么处理？

（2）户外光线太强，拍摄的商品图片曝光过度该怎么处理？

（3）阴天光线不足，拍摄的商品图片太暗该怎么处理？

一、任务目标

通过学习本任务，读者能够掌握商品图片色彩的调整方法，包括调整偏色的商品图片、调整曝光不足的商品图片、调整曝光过度的商品图片。

二、相关知识

（一）调整偏色的商品图片

商品图片常有偏色的情况出现，此时需要对偏色的商品图片进行校正，使其恢复原来的颜色。本例将打开"背心.jpg"素材文件，通过"色彩平衡""可选颜色""色相/饱和度"等命令，将偏黄的白色背心还原为正常的白色背心，具体操作如下。

步骤01▶打开"背心.jpg"素材文件（配套资源:\素材文件\项目三\背心.jpg），如图3-35所示，按【Ctrl+J】组合键复制图层。

步骤02▶选择【图像】/【调整】/【色彩平衡】命令，或按【Ctrl+B】组合键，打开"色彩平衡"对话框，在"色调平衡"栏中单击选中"中间调"单选项，在"色彩平衡"栏中设置色阶分别为"-8""+16""+33"，如图3-36所示。

步骤03▶在"色调平衡"栏中单击选中"高光"单选项，在"色彩平衡"栏中设置色阶分别为"0""0""18"；单击选中"阴影"单选项，在"色彩平衡"栏中设置色阶分别为"-9""0""14"，单击 确定 按钮，效果如图3-37所示。

图 3-35　打开素材文件　　　　图 3-36　调整色彩平衡　　　　图 3-37　色彩平衡效果

拓展学习

在"图层"面板底部单击 按钮，在弹出的下拉列表中选择"色彩平衡"选项，在打开的"色彩平衡"属性面板中也可以调整图像色彩，此时"图层"面板中会同步生成一个"色彩平衡"调整图层。调整命令直接作用于图像本身，会直接改变原图像，而调整图层可以在不影响原图像的基础上将效果保存在调整图层上。

步骤 04 ▷选择【图像】/【调整】/【可选颜色】命令，打开"可选颜色"对话框，在预设下拉列表中选择"白色"选项，设置青色、洋红、黄色均为"-100"，单击 确定 按钮，如图3-38所示。返回图像编辑区查看效果如图3-39所示。

步骤 05 ▷选择【图像】/【调整】/【色相/饱和度】命令，或按【Ctrl+U】组合键，打开"色相/饱和度"对话框，在"全图"下拉列表中选择"红色"选项，设置饱和度、明度分别为"+15""+36"，如图3-40所示。

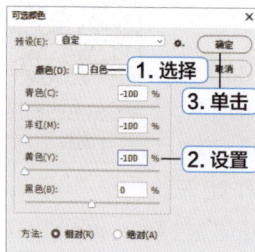

图 3-38　调整可选颜色　　图 3-39　调整可选颜色效果　　图 3-40　调整色相/饱和度

步骤 06 ▷在"全图"下拉列表中选择"黄色"选项，设置色相、饱和度分别为"-9""+28"；选择"绿色"选项，设置饱和度为"+21"，单击 确定 按钮，效果如图3-41所示。

步骤 07 ▷选择【图像】/【调整】/【自然饱和度】命令，打开"自然饱和度"对话框，设置自然饱和度、饱和度分别为"+21""+22"，单击 确定 按钮，如图3-42所示。

步骤 08 ▷选择"减淡工具" 🔍，在工具属性栏中设置画笔大小为"300像素"，范围为"中间调"，曝光度为"20%"，在图像编辑区中涂抹木头部分和图像右下角暗处，适当提亮效果。

步骤 09 ▷选择"海绵工具" 🧽，在工具属性栏中设置画笔大小为"250像素"，模式为"加色"，流量为"30%"，在图像编辑区中涂抹绿色背景，还原其鲜亮的效果。

步骤 10 ▷查看完成后的最终效果，如图3-43所示，最后保存文件（配套资源:\效果文件\项目三\背心.psd）。

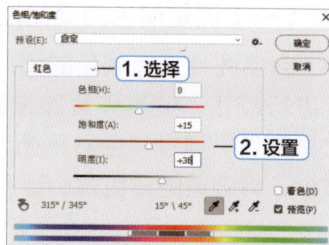

图 3-41　调整色相/饱和度效果　　图 3-42　调整自然饱和度　　图 3-43　最终效果

（二）调整曝光不足的商品图片

曝光不足多是因为摄影师对被拍摄商品的亮度估计不足，所以在调整该类商品图片时首先需要解决亮度问题。本例将打开"包包.jpg"素材文件，调整明暗度和对比度，以增加曝光度，使商品图片恢复原来的色彩，具体操作如下。

步骤 01　打开"包包.jpg"素材文件（配套资源\素材文件\项目三\包包.jpg），如图3-44所示，按【Ctrl+J】组合键复制图层。

步骤 02　在"图层"面板底部单击 按钮，在弹出的下拉列表中选择"曲线"选项，打开"曲线"属性面板，在曲线上单击创建控制点并向上拖动控制点，再次重复操作，调整曲线如图3-45所示，图像编辑区效果如图3-46所示。

步骤 03　在"图层"面板底部单击 按钮，在弹出的下拉列表中选择"亮度/对比度"选项，打开"亮度/对比度"属性面板，设置亮度、对比度分别为"37""-10"，如图3-47所示，图像编辑区效果如图3-48所示。

步骤 04　在"图层"面板底部单击 按钮，在弹出的下拉列表中选择"色阶"选项，打开"色阶"属性面板，向左拖动中间的浅灰色滑块，再向左拖动右侧的白色滑块，如图3-49所示，图像编辑区效果如图3-50所示。

图 3-44　打开素材文件　　图 3-45　调整曲线　　图 3-46　调整曲线效果

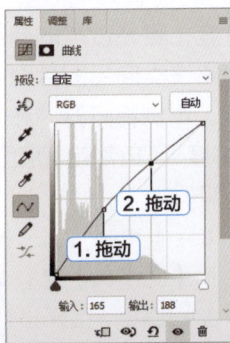

图 3-47　调整亮度/对比度　　图 3-48　调整亮度/对比度效果　　图 3-49　调整色阶

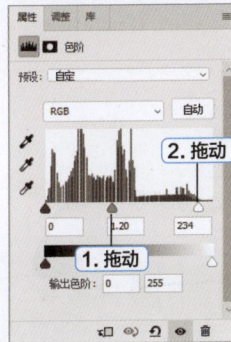

步骤05 按【Shift+Ctrl+Alt+E】组合键盖印图层，选择【图像】/【调整】/【阴影/高光】命令，打开"阴影/高光"对话框，单击选中"显示更多选项"复选框，设置参数如图3-51所示，单击 确定 按钮。

步骤06 选择【图像】/【调整】/【自然饱和度】命令，打开"自然饱和度"对话框，设置自然饱和度、饱和度分别为"+26""+17"，单击 确定 按钮，效果如图3-52所示，最后保存文件（配套资源:\效果文件\项目三\包包.psd）。

图3-50 调整色阶效果　　图3-51 设置阴影/高光　　图3-52 完成后的效果

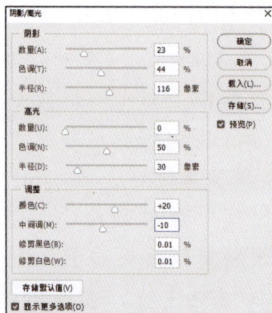

（三）调整曝光过度的商品图片

与曝光不足相对的是曝光过度，曝光过度的商品图片会呈现出过于明亮、发白的效果。在调整该类商品图片时，需要先降低图片亮度，再进行曝光度的调整。本例将打开"帐篷.jpg"素材文件，使用"曲线""亮度/对比度""自然饱和度"等命令对图片进行曝光度的调整，具体操作如下。

步骤01 打开"帐篷.jpg"素材文件（配套资源:\素材文件\项目三\帐篷.jpg），如图3-53所示，按【Ctrl+J】组合键复制图层。

步骤02 在"图层"面板底部单击按钮，在弹出的下拉列表中选择"曝光度"选项，打开"曝光度"属性面板，设置灰度系数校正为"0.36"，如图3-54所示，图像编辑区效果如图3-55所示。

微课视频

调整曝光过度的
商品图片

图3-53 打开素材文件　　图3-54 调整曝光度　　图3-55 调整曝光度效果

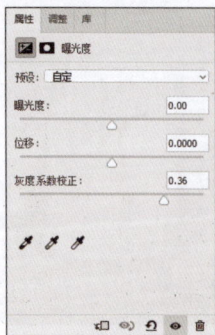

步骤 03 在"图层"面板底部单击 ● 按钮，在弹出的下拉列表中选择"曲线"选项，打开"曲线"属性面板，调整曲线如图3-56所示，图像编辑区效果如图3-57所示。

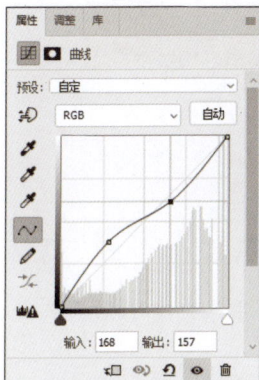

图 3-56　调整曲线

图 3-57　调整曲线效果

步骤 04 在"图层"面板底部单击 ● 按钮，在弹出的下拉列表中选择"亮度/对比度"选项，打开"亮度/对比度"属性面板，设置亮度、对比度分别为"-20""0"，图像编辑区效果如图3-58所示。

步骤 05 在"图层"面板底部单击 ● 按钮，在弹出的下拉列表中选择"自然饱和度"选项，打开"自然饱和度"属性面板，设置亮度、对比度分别为"53""3"，效果如图3-59所示，最后保存文件（配套资源:\效果文件\项目三\帐篷.psd）。

图 3-58　调整亮度 / 对比度效果

图 3-59　调整自然饱和度效果

三、任务实训——调整小白鞋色彩

1. 实训要求

结合本任务所学知识，通过调整小白鞋的曝光度和自然饱和度等，使小白鞋恢复原来的色彩。该实训所用的素材文件如图 3-60 所示（配套资源:\素材文件\项目三\小白鞋 .jpg）。完成后的参考效果如图 3-61 所示（配套资源:\效果文件\项目三\小白鞋 .psd）。

图 3-60 素材文件　　　　图 3-61 完成后的参考效果

2．实训目标

（1）掌握增加曝光度的方法。

（2）掌握色彩的调整方法。

3．实训思路

步骤 01 ▶ 打开"小白鞋.jpg"素材文件，发现小白鞋曝光度不足，色彩暗淡，按【Ctrl+J】组合键复制图层。

步骤 02 ▶ 选择【图像】/【调整】/【亮度/对比度】命令，打开"亮度/对比度"对话框，设置亮度、对比度分别为"65""20"，单击 确定 按钮。

步骤 03 ▶ 选择【图像】/【调整】/【自然饱和度】命令，打开"自然饱和度"对话框，设置自然饱和度、饱和度分别为"+20""0"，单击 确定 按钮。

步骤 04 ▶ 选择【图像】/【调整】/【曲线】命令，或按【Ctrl+M】组合键打开"曲线"对话框，在曲线中段单击并向上拖动，调整图像亮度，单击 确定 按钮。

步骤 05 ▶ 选择【图像】/【调整】/【色阶】命令，或按【Ctrl+L】组合键打开"色阶"对话框，在下方的数值框中分别输入"12""0.9""235"，单击 确定 按钮。

步骤 06 ▶ 在"图层"面板底部单击 ⊘ 按钮，在打开的下拉列表中选择"纯色"选项，打开"拾色器（纯色）"对话框，设置颜色为"白色"，单击 确定 按钮，增加图像亮度，然后在"图层"面板顶部设置该调整图层的混合模式为"柔光"，不透明度为"20%"。

四、任务考核

观察图 3-62 所示的餐具图片调色过程图，思考适用的调色方法，并在 Photoshop 中打开素材文件（配套资源:\素材文件\项目三\餐具.jpg）动手操作。

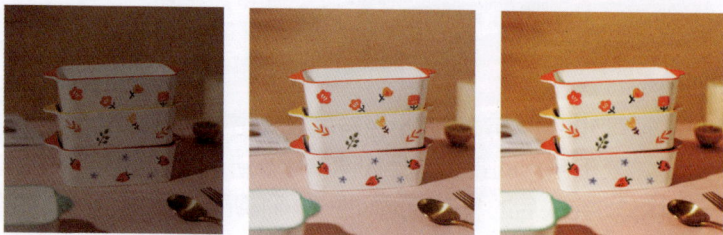

图 3-62 餐具图片调色过程图

任务四　抠取商品图片内容

在制作商品详情页、主图、促销性海报时，只通过简单的实物展示很难吸引消费者浏览，此时可为商品内容添加符合其特征的背景，提高其对消费者的吸引力。好的背景可以提高商品图片的观赏性，为商品的展示营造良好的氛围，提升商品的视觉展现效果。在 Photoshop 中，可以通过抠取商品图片内容并为其替换背景的方法，来使商品图片更加美观。

课堂讨论

针对下列问题展开讨论：

（1）当商品图片背景为纯色时，怎么抠取商品？

（2）当商品图片的背景杂乱时，怎么抠取商品？

（3）当商品为玻璃杯、婚纱等半透明材质时，该怎么抠取？

一、任务目标

单色背景的商品图片往往只能用作商品详情页中的实物展示，要想提升商品的吸引力还需要将商品图片中的商品抠取出来，并将其应用到具有展示性和促销性的背景中，增加视觉营销效果。本任务将从抠取商品图片内容出发，帮助读者掌握单色背景商品、精细商品和半透明商品的抠取方法。

微课视频

单色背景商品
图片的抠取

二、相关知识

（一）单色背景商品图片的抠取

对于单色背景的商品图片，可直接使用"快速选择工具"和"魔棒工具"进行抠取，其抠取方法基本相同。本例将打开"书包.jpg"素材文件，使用"魔棒工具"抠取其中的鼠标，并将其应用到其他背景中，具体操作如下。

步骤 01 ▶打开"书包.jpg"素材文件（配套资源:\素材文件\项目三\书包.jpg），按【Ctrl+J】组合键复制图层。

步骤 02 ▶选择"魔棒工具"，在工具属性栏中设置容差为"20"，再在书包背景中单击创建选区，如图3-63所示。

步骤 03 ▶在工具属性栏中单击"添加到选区"按钮，在书包上方肩带和手提处单击未被选中的背景，然后单击书包底部阴影，如图3-64所示。

步骤 04 ▶按【Shift+Ctrl+I】组合键反向创建选区，如图3-65所示，即可选中书包。

拓展学习

　　设置容差值是为了扩大颜色的选取区域，容差值为"0"，即只能选择与单击鼠标左键处相同颜色的区域。容差值越大，可选择的区域就越大。但应注意的是，容差值并不是越大越好，因为容差值过大，可能会造成图片选择区域不准确。

步骤05 打开"书包Banner背景.psd"素材文件（配套资源:\素材文件\项目三\书包Banner背景.psd）。使用"移动工具" ✛ 将抠取后的书包图片拖到背景中，调整位置，效果如图3-66所示。

步骤06 双击书包所在图层右侧的空白区域，打开"图层样式"对话框，在右侧单击选中"投影"复选框，设置参数如图3-67所示，单击 确定 按钮。

步骤07 保存文件并查看完成后的效果，如图3-68所示（配套资源:\效果文件\项目三\书包Banner.psd）。

图 3-63　单击背景　　　图 3-64　添加选区　　　图 3-65　反向创建选区

图 3-66　移动书包　　　　　　图 3-67　添加投影

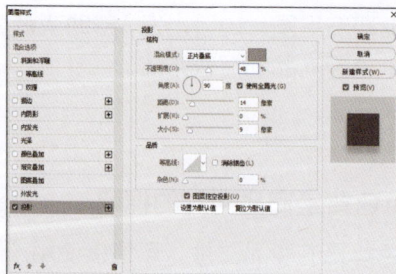

图 3-68　完成后的效果

（二）精细商品图片的抠取

当遇到商品图片的轮廓和背景比较复杂，或背景与商品的分界不明显时，使用"魔棒工具"很难达到精确的抠图效果，此时可使用路径抠取方法来进行抠图。下面将打开"篮球鞋.jpg"素材文件，使用"钢笔工具"抠取篮球鞋，并替换背景，具体操作如下。

微课视频

精细商品图片的抠取

步骤 01 ▷打开"篮球鞋.jpg"素材文件（配套资源:\素材文件\项目三\篮球鞋.jpg）。

步骤 02 ▷选择"钢笔工具" ⟠，在工具属性栏的下拉列表中选择"路径"选项，然后在篮球鞋图片中选取一个边缘点进行单击，确定所绘路径的起点位置，如图3-69所示。

步骤 03 ▷沿着篮球鞋商品图片的边缘单击添加第2个锚点，遇到曲线边缘时，可单击并拖曳鼠标调整锚点的平滑度，绘制出曲线路径，如图3-70所示。在添加锚点时，尽量在放大图片的情况下进行，并尽量将锚点添加在所选区域边缘靠内的位置。

步骤 04 ▷继续沿着篮球鞋商品图片的边缘添加多个锚点，当鼠标指针回到起始锚点时将变为 ⟐ 状态，如图3-71所示，此时单击即可闭合路径。

图 3-69　确定路径起点　　　图 3-70　绘制路径　　　图 3-71　添加多个锚点

拓展学习

在绘制路径抠取商品图片时，若部分锚点不贴合商品边缘，可使用"直接选择工具" ⟐ 单击并拖曳锚点，移动锚点位置或锚点上的控制柄；若想调整锚点的平滑度，则可使用"转换点工具" ⟐ 单击并拖曳锚点，重新调整锚点控制柄。此外，还可使用"删除锚点工具" ⟐ 删除不想要的锚点，使用"添加锚点工具" ⟐ 增加锚点。

步骤 05 ▷绘制完成后，在钢笔工具属性栏中单击 选区... 按钮，打开"建立选区"对话框，设置羽化半径为"1像素"，单击 确定 按钮将路径转换为选区。

步骤06 ▶ 打开"篮球鞋海报背景.psd"素材文件（配套资源:\素材文件\项目三\篮球鞋海报背景.psd），使用"移动工具"➕，将抠取后的商品图片拖到背景中，按【Ctrl+T】组合键，调整篮球鞋图像位置，再在篮球鞋图像上单击鼠标右键，在弹出的快捷菜单中选择"水平翻转"命令，然后将鼠标指针移至右上角的控制点上，当鼠标指针变为↰状态时按住鼠标拖曳，以旋转篮球鞋，如图3-72所示，按【Enter】键确认变换。

步骤07 ▶ 选择"矩形工具"▢，在工具属性栏中设置填色为"#ff6600~#ee9241"，描边为"无颜色"，圆角半径为"50"，在图像编辑区顶部绘制一个圆角矩形，如图3-73所示。

步骤08 ▶ 选择"横排文字工具"Ｔ，在工具属性栏中设置字体为"方正强克体简"，字体样式为"Bold"，字体大小为"79点"，文本颜色为"#ffffff"，在圆角矩形中输入"天猫双11"文本。

步骤09 ▶ 使用与步骤7、步骤8相同的方法，绘制圆角矩形并输入活动文字，效果如图3-74所示，最后保存文件（配套资源:\效果文件\项目三\篮球鞋海报.psd）。

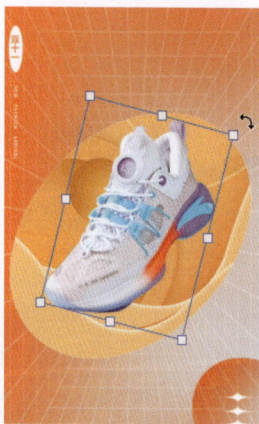

图 3-72　旋转篮球鞋　　　图 3-73　绘制圆角矩形　　　图 3-74　篮球鞋海报最终效果

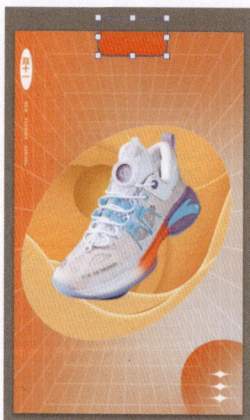

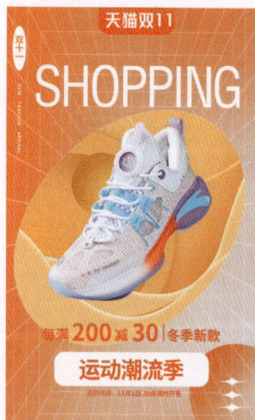

（三）半透明商品图片的抠取

一些特殊的商品，如玻璃杯、婚纱、冰块等，使用一般的抠图工具得不到想要的透明效果，此时需结合"钢笔工具""对象选择工具"和"通道"等进行抠图。下面以抠取玻璃茶具为例讲解半透明商品图片的抠图方法，具体操作如下。

步骤01 ▶ 打开"茶具.jpg"文件（配套资源:\素材文件\项目三\茶具.jpg），使用"钢笔工具"✐抠取茶具的大致轮廓，如图3-75所示。

步骤02 ▶ 选择"对象选择工具"▦，在工具属性栏中单击"添加到选区"按钮▥，

微课视频

半透明商品图片的抠取

将鼠标指针移至玻璃茶杯中，Photoshop将自动识别主体并在其上覆盖蓝色蒙版，单击鼠标左键对识别的主体建立选区；然后将鼠标指针移至玻璃茶壶中，茶壶同样被覆盖蓝色蒙版，单击鼠标右键建立选区，如图3-76所示。

图 3-75　抠取大致轮廓　　　　　　　　　图 3-76　选取茶杯和茶壶

步骤03 ▷按【Shift+Ctrl+I】组合键反选选区，选择"背景橡皮擦工具" ，在工具属性栏中设置画笔大小、容差分别为"5000像素""30%"，将鼠标指针移至淡蓝色背景处单击去除，多次单击去除残留的背景，完全去除背景后按【Ctrl+D】组合键取消选区。

步骤04 ▷将抠取的商品所在图层重命名为"商品"图层，在其下方新建图层，可以将新图层填充为商品的对比色"#f2975b"，以便预览商品的抠取效果，此时可发现玻璃和茶水缺少通透感，如图3-77所示。

步骤05 ▷选择"商品"图层，打开"通道"面板，依次单击"红""绿""蓝"通道查看效果，发现"蓝"通道中茶叶与玻璃的明度对比最大，因此选中"蓝"通道，在其上单击鼠标右键，在弹出的快捷菜单中选择"复制通道"命令，得到"蓝拷贝"通道。

步骤06 ▷仅显示并选中"蓝 拷贝"通道，选择"画笔工具" ，设置前景色为"#000000"，在木质托盘的位置处进行涂抹，如图3-78所示。

图 3-77　去除背景　　　　　　　　　　图 3-78　涂抹木质托盘

步骤07 ▷按住【Ctrl】键不放，单击"蓝 拷贝"通道的通道缩览图，如图3-79所示，载入"蓝"通道选区。

步骤08 ▷按【Shift+Ctrl+I】组合键反选选区，此时图像编辑区如图3-80所示。

步骤09 ▷单击"RGB"通道，切换到"图层"面板，按【Ctrl+J】组合键复制选区内容，可发现已经单独抠取出不透明的茶叶和木质托盘。隐藏"商品"图层，查看第1次通道抠图的效果，如图3-81所示。

图 3-79　载入选区

图 3-80　反选选区

图 3-81　第 1 次通道抠图效果

拓展学习

　　当前"通道"面板中显示的均为颜色通道，主要用于记录图像内容和颜色信息。"红""绿""蓝"通道中的图像在图像编辑区中默认显示为黑白灰模式，其中白色为像素完全不透明的区域，包含原图层内容；灰色为半透明像素的区域，该区域的原图层内容呈一定透明度显示，灰色越深则图像越透明；黑色为图像不可见区域，也不包含原图层内容。

步骤10 ▶ 显示并选择"商品"图层，切换到"通道"面板，由于"红"通道中茶水和玻璃的颜色更灰暗，因此选择"红"通道，在其上单击鼠标右键，在弹出的快捷菜单中选择"复制通道"命令，得到"红 拷贝"通道。

步骤11 ▶ 选中"红 拷贝"通道，选择【图像】/【计算】命令，打开"计算"对话框，设置参数如图3-82所示，单击 确定 按钮，得到"Alpha 1"通道。

步骤12 ▶ 为了使抠取的玻璃效果能更加通透，可以降低"Alpha 1"通道中玻璃的明度。按【Ctrl+M】组合键打开"曲线"对话框，通过在曲线上单击创建控制点并拖曳控制点的方式，调整曲线如图3-83所示。

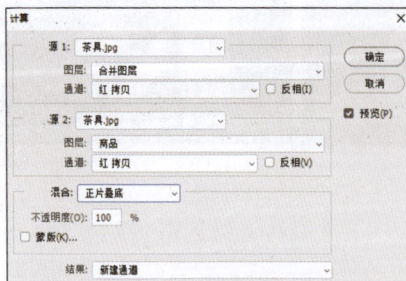

图 3-82　设置参数

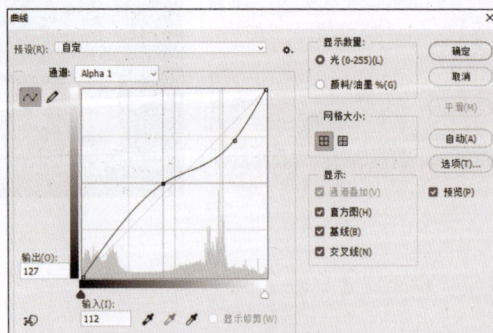

图 3-83　调整曲线

步骤13 ▶ 单击 确定 按钮，查看调整曲线前后的"Alpha 1"通道对比效果如图3-84所示。

步骤14 ▶ 按住【Ctrl】键不放，同时单击"Alpha 1"通道的通道缩览图，载入"Alpha 1"通道选区。选择"RGB"通道，切换回"图层"面板，选择"商品"图层，按【Ctrl+J】组合键复制选区内容，抠取出带有透明度的茶水和玻璃。隐藏"商品"图层，此时茶水和玻璃均具有通透感，能在一定程度上透出橙色背景，效果如图3-85所示。

步骤15 ▶ 隐藏橙色背景所在图层，按【Shift+Ctrl+Alt+E】组合键盖印所有可见图层，并重命名为"茶具"，然后隐藏除"茶具"图层以外的所有图层，最终抠图效果如图3-86所示，再保存文件（配套资源:\效果文件\项目三\茶具.psd）。

图 3-84 对比效果   图 3-85 通透感效果   图 3-86 最终抠图效果

步骤16 ▶ 打开"茶具Banner背景.psd"素材文件（配套资源:\素材文件\项目三\茶具Banner背景.psd），将茶具拖到"茶具Banner背景.psd"中，调整大小与位置，最后保存文件，最终效果如图3-87所示（配套资源:\效果文件\项目三\茶具Banner.psd）。

图 3-87 茶具 Banner 最终效果

三、任务实训

实训一：制作冰箱海报

1. 实训要求

结合本任务所学知识，打开冰箱素材，使用"钢笔工具"抠取冰箱图像，并将冰箱图像应用到海报中，使整个海报效果大气、美观。本实训所用的素材文件如图3-88所示（配套资源:\素材文件\项目三\冰箱.jpg、冰箱背景.jpg），完成后的参考效果如图3-89所示（配套资源:\效果文件\项目三\冰箱海报.psd）。

图 3-88　素材文件

图 3-89　完成后的参考效果

2. 实训目标

掌握"钢笔工具"的使用方法。

3. 实训思路

步骤01 ▶ 打开"冰箱.jpg"素材文件，选择"钢笔工具"，在工具属性栏中设置工具模式为"路径"，将冰箱素材放大到合适大小，在冰箱的右上角单击确定路径起点。

步骤02 ▶ 向左拖动到冰箱上方的中间位置，确定另一个锚点，并按住鼠标左键不放，创建平滑点，注意创建平滑点的位置不要过远，否则轮廓线将不够贴合。

步骤03 ▶ 使用相同的方法沿着冰箱继续绘制路径。完成路径的绘制后，在其上单击鼠标右键，在弹出的快捷菜单中选择"建立选区"命令。

步骤04 ▶ 打开"冰箱背景.jpg"素材文件，将抠取的冰箱图片拖曳到背景中，调整大小和位置。

实训二：制作行李箱海报

1. 实训要求

结合本任务所学知识，打开行李箱素材，利用"对象选择工具"抠取行李箱，并将其应用到背景中，要求行李箱完整且效果美观。该实训所用的素材文件如图 3-90 所示（配套资源:\素材文件\项目三\行李箱.jpg、行李箱背景.psd），完成后的参考效果如图 3-91 所示（配套资源:\效果文件\项目三\行李箱海报.psd）。

图 3-90　素材文件

图 3-91　完成后的参考效果

2. 实训目标

掌握"对象选择工具"的使用方法。

3. 实训思路

步骤 01 ▶打开"行李箱.jpg"素材文件，按【Ctrl+J】组合键复制图层。

步骤 02 ▶选择"对象选择工具"，将鼠标指针移至行李箱中，Photoshop将自动识别主体并在其上覆盖蓝色蒙版，单击鼠标左键对识别的主体建立选区。

步骤 03 ▶打开"行李箱背景.psd"素材文件，使用"移动工具"，将抠取后的商品图片拖到背景中，调整大小和位置。

四、任务考核

观察图 3-92 所示的耳机抠取过程图，思考使用的抠图方法，并在 Photoshop 中打开素材文件（配套资源:\素材文件\项目三\耳机 .png）动手操作。

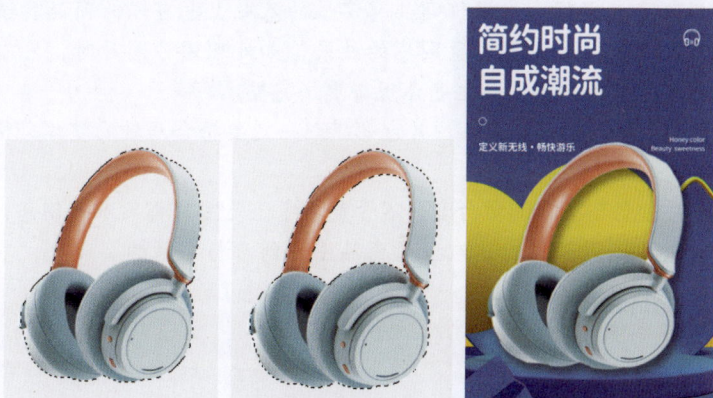

图 3-92　耳机抠取过程图

拓展延伸

（一）店铺对图片的尺寸要求

店铺中不同板块对图片的尺寸要求有所不同，以淘宝网店铺为例，店标、店招、全屏海报等板块对图片尺寸都有一定的限制和要求，清楚这些限制和要求是制作这些板块图片的前提。表 3-2 所示为淘宝网店铺不同板块对常见图片尺寸的具体要求。

表 3-2　淘宝网店铺对常见图片尺寸的具体要求

图片名称	尺寸要求	支持图片格式
店标	80 像素 ×80 像素	GIF、JPG、PNG
主图	800 像素 ×800 像素、800 像素 ×1200 像素	JPG、GIF、PNG
直通车图	800 像素 ×800 像素	JPG、GIF、PNG
店招	默认：950 像素 ×120 像素 全屏：1920 像素 ×150 像素	GIF、JPG、PNG
全屏海报	1920 像素 ×550 像素、1920 像素 ×650 像素、 1920 像素 ×800 像素	GIF、JPG、PNG

（二）处理商品图片时的注意事项

处理商品图片时需要注意以下事项。

- **商品图片的真实性**。对于展示性商品图片，首先需要考虑真实性。过度美化往往会造成商品图片失真，从而让消费者产生怀疑，因此在美化商品图片时需要把握分寸。当然，在保证商品真实性的基础上也可以为商品打造更具吸引力的虚拟背景，营造更具氛围感的效果，如处理婚纱图片时，可以在真实的基础上打造梦幻效果，让主题体现得更加完整。
- **商品图片色彩的搭配**。商品图片色彩搭配一定要符合店铺的整体风格，这样才不会显得突兀。
- **商品图片创意与主题的契合度**。不管是文字还是图片都离不开创意，但在对商品图片进行创意设计时，应注意商品图片创意与主题的契合度，不可过于天马行空。

实战与提升

（1）处理一张偏黄、曝光过度的黄瓜商品图片（配套资源:\素材文件\项目三\黄瓜.jpg），处理后亮度适宜，黄瓜色泽新鲜，处理前后效果对比如图 3-93 所示（配套资源:\效果文件\项目三\黄瓜.jpg）。

图 3-93 黄瓜处理前后效果对比

（2）打开"月饼.jpg"素材文件（配套资源:\素材文件\项目三\月饼.jpg），对月饼的颜色进行调整，并抠取月饼图像、更换背景（配套资源:\素材文件\项目三\月饼背景.psd），处理后的月饼海报融入了月亮、祥云和桂花等场景效果，不仅美观，而且更加契合中秋氛围。月饼处理后的参考效果如图 3-94 所示（配套资源:\效果文件\项目三\月饼海报.psd）。

图 3-94 月饼处理后的参考效果

PART 04

项目四
店铺首页的视觉营销设计

店铺首页就如同实体店的门面，其视觉效果直接影响消费者的购物体验与商品的转化率，因此店铺首页的设计至关重要。一个吸引人并能够给人留下深刻印象的店铺首页设计，是吸引潜在消费者、提高转化率以及建立品牌形象的关键因素之一。

【知识目标】
· 了解店铺首页的功能区模块和布局要点。
· 掌握店招与导航、全屏海报、优惠活动区的视觉营销设计。

学习导图

【素养目标】
· 遵守广告法，提升自身职业道德水平。
· 培养全局思维能力，能够有逻辑地梳理和展示信息。

　　店铺首页作为店铺门面，其整体形象十分重要，为了提升消费者对店铺的好感度，店铺首页的美观程度十分重要。图4-1所示为美的空调旗舰店首页，在其中明确写出了店铺的经营范围、主要商品以及优惠活动，图文并茂、色彩丰富，整体配色以蓝色为主、白色为辅，效果十分清爽，符合空调给人的凉爽之感，红色的点缀色也很好地凸显了促销信息，吸引消费者视线，成功营造了夏日清凉感和促销氛围。

图4-1　美的空调旗舰店首页

　　该首页的店招与导航清晰地呈现了店铺名称、品牌标志、热销商品和商品类别等，看起来既清楚又专业。全屏海报充分体现出了该店铺的核心卖点之一——"夏日清凉计划"，视觉效果新颖美观。下方依次放置了"全店惊喜福利""热销榜单""年度精选""除湿器""移动空调"等多个板块，每个板块中的商品模块大小不一，在整齐、稳定中富有变化，清晰、有条理地呈现了丰富的信息。最下方为页尾，通过白色和浅灰色背景明确了板块位置，展现了正品保障、安装服务、售后保障等重要内容，并再次强调了"智慧生活"的品牌理念。

任务一　认识店铺首页

　　店铺首页是展示店铺形象的主要途径，只有风格鲜明、效果美观的店铺首页才能吸引消费者继续浏览，进而使其产生点击浏览的欲望，最终促成商品的销售。在设计店铺首页时，只有先明确店铺首页各个模块的布局要点，才能设计出具有视觉吸引力的店铺首页。

针对下列问题展开讨论：

（1）首页中一般包含哪些功能区模块？

（2）在设计时，怎样让店铺首页的布局更加合理？

一、任务目标

店铺首页可以让消费者对店铺有更加直观的了解，从而促进商品销售。本任务将帮助读者掌握店铺首页的功能区模块及布局要点。

二、相关知识

（一）店铺首页的功能区模块

在进行店铺首页的视觉设计时，应该基于店铺自身的定位，进行功能区的划分，通过整体的设计，达到与店铺定位匹配的视觉效果。下面将分别对首页中常用的功能区模块进行介绍，让读者进一步了解首页应该如何进行视觉营销设计。

1. 店招与导航

店招即店铺的招牌，位于店铺首页顶端。店招不仅代表着店铺的第一视觉印象，而且兼有宣传店铺的作用。导航则处于店招的下方，主要对店铺商品的类别进行显示，起到分类展示的作用。在进行店招设计时，不仅要凸显店铺的特色，还要清晰地传达品牌的视觉定位。在进行导航设计时，需要将店铺中商品的种类展现在消费者眼前。

图4-2所示为蓝月亮官方旗舰店的店招与导航，其主营商品为洗衣液、洗手液等日常清洁用品。在店招设计上，采用了该品牌的品牌色蓝色为主色，深浅不一的蓝色具有丰富的层次感。同时在中间区域则以蓝色Logo、品牌荣誉、热销商品进行展现，用于传达品牌定位与品牌价值。品牌下方的导航中则以深蓝色为主色，与店招色调进行搭配既不突兀，又将"洁净""去污"的品牌定位体现出来，在导航中通过白色文字进行了明确的商品分类，视觉效果清爽、干净。

图4-2 蓝月亮官方旗舰店的店招与导航

2. 全屏海报

全屏海报一般位于导航下方，是首页的第一屏，用于展示店铺当前活动的主题、主推的商品等内容。设计全屏海报时可通过调整色彩、版式、字体等营造视觉冲击力、突出主题卖点，例如，图 4-3 所示为蓝月亮官方旗舰店的全屏海报，整个全屏海报清爽、干净，与店铺整体的风格相匹配，符合清洁用品定位。

3．店铺优惠区

店铺优惠区是首页中重要的功能区，主要展示店铺当前优惠活动，如优惠券、满减、打折等。蓝月亮官方旗舰店首页的优惠活动板块设计，主要是对优惠券进行展现，突出了优惠券数额，规整的布局方便消费者快速浏览，领取按钮突出，便于消费者点击，如图 4-4 所示。

图 4-3　蓝月亮官方旗舰店全屏海报

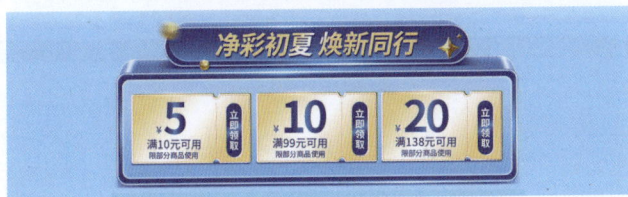

图 4-4　蓝月亮官方旗舰店店铺优惠区

4．商品分类区

商品分类区一般位于店铺优惠区的下方。在设计商品分类区时，为了更好地发挥商品分类区的作用，可从店铺的装修风格、分类图像的大小和分类方式等方面入手。蓝月亮官方旗舰店首页的商品分类区主要通过对不同商品类型的展现，让消费者可直接单击对应的类型进行商品的选择，如图 4-5 所示。

5．商品促销展示区

商品促销展示区是店铺首页的主要区域之一，占据了店铺首页的大部分版面。商品促销展示区中各模块的分布十分讲究，如各模块的尺寸如何选择、以何种色块分布、如何保持整体格局、如何定义重点内容等。商品促销展示区的设计应该遵循与店铺整体风格一致的原则，在主推商品的设计上要注意突出店铺的主题风格，并延续品牌色彩。在营销目的上，需要提炼商品的卖点，直击消费者痛点，起到吸引消费者注意力的作用。图 4-6 所示为蓝月亮官方旗舰店的商品促销展示区，该区域主要展示了热卖单品，从商品图的拍摄、颜色搭配到背景设计均能反映出蓝月亮的品牌定位。

图4-5 蓝月亮官方旗舰店商品分类区

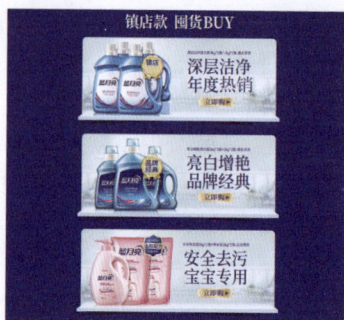
图4-6 蓝月亮官方旗舰店商品促销展示区

6. 页尾

页尾通常位于店铺首页的底部，主要用于展现店铺相关服务或是承诺，如服务时间、发货时间等，目的在于提高消费者对店铺的信任度。图4-7所示为蓝月亮官方旗舰店的页尾，在色彩上运用了灰色与品牌主色，与整个首页的色调统一。在内容上先展示品牌Logo、店铺名称，再展示品牌理念，达到提升店铺形象的目的，最后展示店铺提供的服务保障，用于打消费者疑虑，加强消费者的好感和信任感。

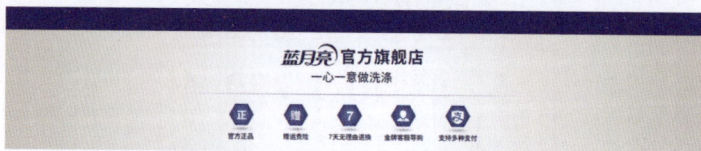
图4-7 蓝月亮官方旗舰店的页尾

（二）店铺首页的布局要点

店铺首页并不是要将所有的模块都堆积在一起，而需要将各模块进行合理的组合排列，设计师在布局店铺首页时，需要注意以下要点。

- 在制作店铺首页时要考虑店铺风格、商品特点、目标消费人群等因素，以保证店铺风格与商品的一致性。
- 在制作首页的导航时，各商品类目要清晰明了，方便消费者能快速找到其需要的商品。另外，店招中的收藏、关注和搜索模块也必不可少，这些模块可以增加消费者黏性，促进消费者的二次购买。
- 全屏海报的设计要清晰、醒目，要让消费者一眼就能够看到海报的内容，如果是活动海报，还要有活动时间等主要信息。
- 在排列商品时要根据商品的实际销售情况和点击率进行布局。
- 模块之间的布局要详略得当、清晰明了。例如，活动模块需要将活动信息介绍清楚，尤其是亮点需要重点突出，而其他商品则可以使用列表和图文搭配的方法将其简单地展现出来。

三、任务实训——赏析小熊生活电器旗舰店首页

1. 实训要求

结合本任务所学知识，赏析图 4-8 所示的小熊生活电器旗舰店首页，从店招与导航、全屏海报、商品分类区、商品展示区、页尾等方面，分析各个板块的设计方法，掌握店铺的视觉要点。

图 4-8　小熊生活电器旗舰店首页

2. 实训目标

掌握店铺首页的视觉营销要点。

3. 实训思路

步骤 01　店招与导航。店招与导航采用橙色调，活泼靓丽，契合年轻人这一目标消费者定位，店招主要展示了品牌Logo、宣传语、热销商品，导航则清晰地展示了主要商品类型。

步骤 02　全屏海报。全屏海报的背景采用建模渲染的方式，打造了简洁、可爱的场景来展现生活电器，并利用背景墙和装饰物强化了"小熊"的品牌形象，其色彩与店招、导航协调，共同营造了温馨的生活氛围。

步骤 03　商品分类区。背景采取暖色调，通过分类名称加代表电器图片的形式，简洁、规整地展现了该店铺的商品分类。

步骤 04　商品展示区。先以暖色调和家居场景为主来展现热销商品，然后从品牌

Logo中选取橙色、绿色、蓝色，降低不透明度以作背景，来展示不同类型商品的热销单品，布局有韵律和层次感，商品的形象、卖点、功能、价格展示清晰、直观。

步骤05 ▶ 页尾。展示了该品牌的发展历史以及服务承诺，既加强了品牌形象，又能提高消费者对店铺的信任度。

四、任务考核

观察图4-9所示的周生生旗舰店首页，分析首页中的模块布局，以及布局要点是怎样体现的。

图4-9　周生生旗舰店首页

任务二　店招与导航的视觉营销设计

店招与导航是展示店铺形象的窗口，好的店招与导航可以树立店铺品牌的形象，提升店铺在消费者心中的好感度。因此在设计店招与导航时，不仅需要凸显店铺的风格特点，还要展现出店铺的形象和定位。

课堂讨论

针对下列问题展开讨论：

（1）在设计时怎样让店招与导航符合店铺风格？

（2）怎样设计与制作店招与导航？

一、任务目标

本任务将帮助读者先了解店招与导航的类型及其视觉设计风格和要点，再掌握店招与导航的设计与制作。

二、相关知识

（一）店招的类型与视觉设计风格

店招中可以包含文字、图片、形状等视觉设计元素，通过这些元素的组合，可以形成诸如品牌Logo、店铺广告语、促销商品、优惠信息、活动信息等内容，除此之外，也可根据需要添加关注按钮、搜索框、店铺公告以及联系方式等其他内容。在设计店招前需要了解店招的类型，并对设计风格进行掌握。

1. 店招的类型

店招的展示范围有限，展示的内容不宜过多，在保证简洁美观的基础上，需要结合店铺现阶段的定位来进行内容的组合。一般来说，店招主要包括品牌型和商品型两种类型。

- **品牌型店招**。以品牌形象展示为主。进行视觉设计时，可体现店铺名称、品牌Logo、品牌成绩等内容，以体现品牌的品质和实力，如图4-10所示。部分品牌也会在店招中添加收藏店铺、关注店铺等按钮，方便消费者关注店铺，进一步提高品牌的知名度。品牌型店招主要代表品牌的形象，所以更注重视觉效果和创新性。

图4-10　品牌型店招

- **商品型店招**。以商品导购为主。在进行视觉设计时，可体现商品信息，如商品图片、商品价格和商品主要卖点等，用于快速引导消费者进行商品的选购，如图4-11所示。

图4-11　商品型店招

2. 店招的视觉设计风格

店招的风格引导着整个店铺的风格，而店铺的风格大多取决于店铺的商品。一

般来说，店铺中的店招、导航、商品风格应与店铺的整体风格一致。图4-12所示为某鲜花饼店铺的店招，店招的整体色调为鲜花的常见粉色，然后与白色搭配，十分契合商品风格。

图4-12　鲜花饼店铺的店招

不同类型的店铺因为面向的消费人群不同，其店招的风格也不相同，图4-13所示为一家主营男士护肤品的店铺，店招以黑色为背景，展示了深沉、严肃的风格特点。而图4-14所示为一家主营女士护肤品的店铺，店招的整体用色上采用了浅蓝色调，凸显出该商品水润清透的特点。

图4-13　男士护肤品店铺的店招

图4-14　女士护肤品店铺的店招

（二）导航的类型与视觉设计要点

导航是对店铺商品的分类与罗列，是店铺首页导流的主要模块，消费者单击导航中的相关分类，就可以快速访问对应的页面，为消费者在店铺内跳转提供便利性。

1. 导航的类型

导航主要分为横排与竖排两种类型，其中横排导航最为常见，也是大多数商家选择的一种展示类型，如图4-15所示。注意：设计横排导航时，要将主要信息放置在中间的"安全区域"（对于宽为1920像素的导航，应在其左右两侧各留出485像素的宽度，不放置任何内容），以适应不同浏览器的显示情况。

图4-15　横排导航

竖排导航一般与首屏的全屏海报高度一致，其展示范围有限，可根据需要作为横排导航的补充，方便消费者进行浏览和跳转。图4-16所示的店铺首页就同时设计了横排导航和竖排导航，横排导航主要是对店铺内的商品进行的常规分类，竖排导航则以主推商品分类为主，是对横排导航的细化和补充，适合商品类型较多的店铺。

图 4-16　横排导航和竖排导航

2. 导航的视觉设计要点

导航一般包括首页和其他分类栏目的导入链接，因此，在设计时需要清晰地反映店铺的核心经营商品，帮助消费者快速了解店铺的定位和主营业务，总的来说，具有以下设计要点。

- 导航要与店招的风格和颜色相互呼应，保证视觉效果的统一。
- 导航的长度有限，每个导航目的内容要简洁，内容不能太多，否则容易造成导航内容拥挤，不利于消费者查看。
- 导航的内容要尽量简单、直接，对于商品类型比较简单的店铺，应尽量不设置二级子类目，以直观的方式展示分类内容。
- 对于店铺主推的销量、人气较高的商品，商家可以单独做一个商品集合页，将其单独作为一个分类放在导航中，如"热卖商品""秋冬新品"等。
- 导航中的文字颜色要与背景色形成对比，以方便消费者查看并点击浏览对应的页面。

（三）店招和导航的设计与制作

通栏店招在淘宝网的使用率非常高，这类店招不但包含了常规店招的基本信息，还将导航融入店招中。下面将以七夕活动为例，为一家珠宝首饰店铺设计通栏店招，主要通过领券、商品展示、收藏、导航等模块，展现店铺特色和活动氛围，具体操作如下。

微课视频

店招与导航的
设计与制作

步骤 01 新建大小为"1920像素×150像素"，分辨率为"72像素/英寸"，名称为"珠宝店招"的文件，选择【选择】/【置入嵌入对象】命令，打开"置入嵌入对象"对话框，选择"亮晶晶背景.jpg"素材文件（配套资源:\素材文件\项目四\亮晶晶背景.jpg），单击 置入(P) 按钮，在图像编辑区中拖动控制点以调整素材的大小和位置，按【Enter】键确认变换，效果如图4-17所示。

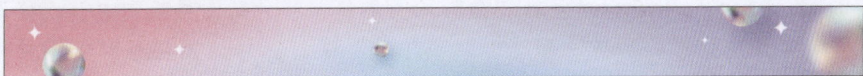

图 4-17　置入背景

步骤02 ▶选择"横排文字工具" **T.**，在图像左侧输入"千羽珠宝旗舰店"文字，设置字体、字号、字距和文字颜色分别为"思源黑体 CN""48点""-25""#000000"，在"图层"面板左上角设置该文字图层的不透明度为"90%"。

步骤03 ▶置入"高光.jpg"素材文件（配套资源:\素材文件\项目四\高光.jpg），调整大小和位置，将素材移动到文字上方，设置该图层混合模式为"滤色"；按【Ctrl+J】组合键复制图层，并将高光移动到店招右侧，设置该图层不透明度为"63%"，效果如图4-18所示。

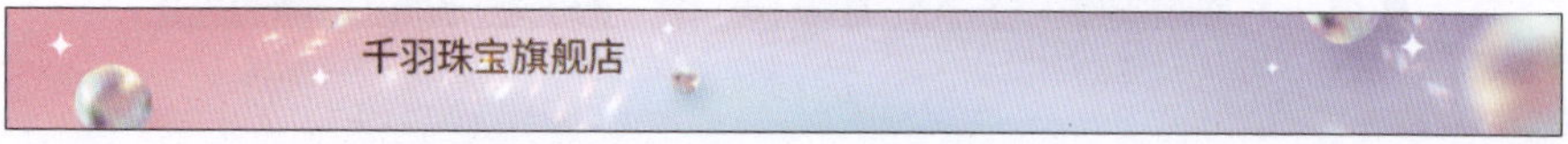

图4-18　输入文字、置入高光效果

步骤04 ▶选择"椭圆工具" ◯.，在工具属性栏中设置填充为"#f780ab～#f9bdd7"，在店铺名称左侧绘制一个椭圆，然后略微旋转椭圆；在该椭圆左上方继续绘制椭圆，修改填充为"#f28ab0～#f4dbed"。

步骤05 ▶选择任意一个椭圆图层，选择【图层】/【图层样式】/【投影】命令，打开"投影"对话框，设置如图4-19所示参数，单击 确定 按钮。在该椭圆图层上单击鼠标右键，在弹出的快捷菜单中选择"拷贝图层样式"命令，在另一个椭圆图层上单击鼠标右键，在弹出的快捷菜单中选择"粘贴图层样式"命令。

步骤06 ▶选择"横排文字工具" **T.**，在椭圆中输入"七夕大促"文字，设置字体、字体样式、字号、行距和文字颜色分别为"思源黑体 CN""Bold""25点""28点""#ffffff"，为该图层添加图4-20所示的"投影"图层样式。

步骤07 ▶选择文字图层，按【Ctrl+T】组合键进入自由变换状态，按住【Ctrl】键选中左上方的控制点向右拖曳，如图4-21所示，然后按【Enter】键确认变换。

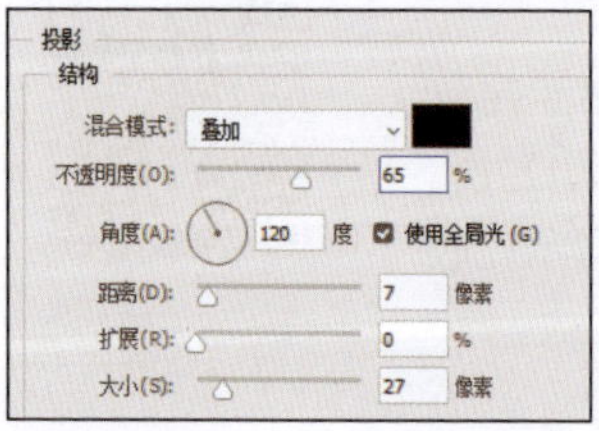

图4-19　为椭圆添加投影

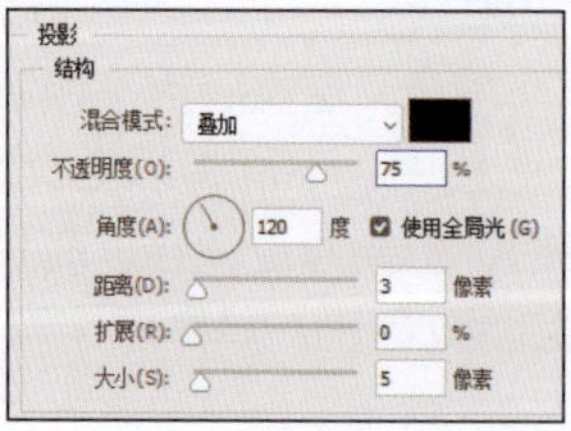

图4-20　为文字添加投影

图4-21　变换文字

步骤08 ▶使用与步骤4～步骤7相同的方法，在店招右侧制作"收藏本店"按钮。

步骤09 ▶打开"领券.psd"素材文件（配套资源:\素材文件\项目四\领券.psd），将其中的图形组拖曳到店铺名称右侧，效果如图4-22所示。

步骤10 ▶按【Ctrl+J】组合键复制"领券"图层组，移动新图层组到右侧，修改其中的文字和圆角矩形的颜色。置入"项链.png"素材，将该图层移到新图层组上方，按【Alt+Ctrl+G】组合键向下创建剪贴蒙版，效果如图4-23所示。

步骤 11 ▶选择"矩形工具" ▢，在图像编辑区底部绘制1920像素×30像素的矩形作为导航，设置颜色填充为"#c7d7ff～#f199c6～#ce9ddf"，渐变角度为"0"。

图 4-22　制作领券模块

图 4-23　添加素材并创建剪贴蒙版

步骤 12 ▶选择"横排文字工具" T.，在导航上输入导航文字，设置字体、字号、字距和文字颜色分别为"思源黑体 CN""18点""-25""#ffffff"，调整文字位置，最后保存文件，最终效果如图4-24所示（配套资源:\效果文件\项目四\女装店招.psd）。

图 4-24　最终效果

三、任务实训

实训一：制作童装店铺店招与导航

1. 实训要求

结合本任务所学知识，利用相关素材以及各种工具完成童装店铺店招与导航的制作（配套资源:\素材文件\项目四\童装店招与导航），要求体现出活泼和童趣感，完成后的参考效果如图4-25所示（配套资源:\效果文件\项目四\童装店招与导航.psd）。

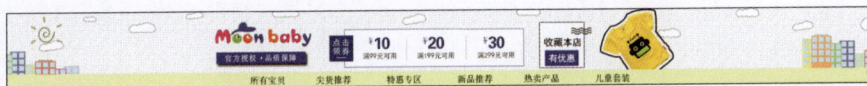

图 4-25　童装店铺店招与导航参考效果

2. 实训目标

掌握店招与导航的设计与制作方法。

3. 实训思路

步骤 01 ▶新建文件，置入"童装店招背景.jpg""童装Logo.png"素材文件，将Logo素材拖到店招左侧，并调整大小与位置。

步骤 02 ▶使用"矩形工具" ▢在Logo下方绘制矩形，添加"阴影"图层样式，并输入文字。

步骤 03 ▶使用"矩形工具" ▢、"横排文字工具" T.与"自定形状工具" ⬡制作店招的优惠券与店铺收藏模块。

步骤04 ▷置入"童装.png"素材文件，将童装素材拖到图像右侧，调整大小，旋转角度和位置，并为童装添加"描边"图层样式。

步骤05 ▷使用"矩形工具" ▢ 与"横排文字工具" T.制作导航。

实训二：制作家居店铺店招与导航

1. 实训要求

结合本任务所学知识，通过提供的素材（配套资源:\素材文件\项目四\家居店铺店招背景.jpg），制作一个古典家居店铺店招与导航，要求展现出该店铺的古典风格，完成后的参考效果如图4-26所示（配套资源:\效果文件\项目四\家居店招与导航.psd）。

图4-26 家居店铺店招与导航参考效果

2. 实训目标

掌握不同样式店招与导航的制作方法。

3. 实训思路

步骤01 ▷新建文件，置入"家居店铺店招背景.jpg"素材文件。

步骤02 ▷选择"矩形工具" ▢，绘制矩形并添加"投影"图层样式，在矩形上方输入店铺名称与宣传语；选择"矩形工具" ▢，在文字下方绘制圆角矩形；选择"自定形状工具" ⬠，在矩形上方绘制心形。

步骤03 ▷选择"横排文字工具" T.，在矩形上方输入文字；选择"直排文字工具" IT.，在图像中间输入导航文字与一字线，调整位置与大小。

步骤04 ▷使用"矩形工具" ▢、"自定形状工具" ⬠ 与"横排文字工具" T.，绘制搜索框并输入文字。

四、任务考核

为某家电店铺制作商品型店招和横排导航，要求包含店铺名称、宣传语、收藏按钮和多个主推商品图像（配套资源:\素材文件\项目四\家电1.png、家电2.png），风格简约，商品类目清晰，参考效果如图4-27所示。

图4-27 参考效果

任务三　全屏海报的视觉营销设计

全屏海报位于店招与导航的下方，它占据的面积比较大，是整个店铺中比较醒目的部分，一般用于展示店铺活动与促销信息，因此全屏海报视觉营销设计是店铺首页视觉营销设计中的重点。

课堂讨论

针对下列问题展开讨论：

（1）设计全屏海报时，如何选择视觉主题？

（2）在制作全屏海报时，怎样让画面构图更加美观？

一、任务目标

全屏海报是店铺首页设计中的亮点。全屏海报不仅能给消费者带来视觉上的美好感受，还能使消费者快速了解店铺的促销内容与活动信息。通过学习本任务，读者可以了解全屏海报的视觉主题与构图方式，并掌握全屏海报的设计与制作方法。

二、相关知识

（一）全屏海报的视觉主题

全屏海报的视觉内容设计一般依据店铺近期的主题而定，比如店铺近期需要推广店内人气商品或新品，或者推广店内优惠活动等，就要根据不同的主题来设计不同的全屏海报。一般来说，全屏海报主要有商品宣传、主题活动和品牌塑造 3 种主题。

- **商品宣传**。商品宣传的全屏海报主要是针对单一商品的形象塑造，通过有品质感的全屏海报将商品的价格、外观、功能、特性等卖点传达给消费者，引起消费者的兴趣，引导消费者点击全屏海报进入商品详情页，深入了解商品。这类全屏海报既适合刚上市的新品，也适合店铺的热卖商品，或者店铺当季的主推商品。该主题的视觉表现中心是商品，一般以简约的画面设计为主，常以大画幅的画面来展示商品，并配以简单的文案进行说明，如图4-28所示。

图 4-28　商品宣传的全屏海报

在设计含有宣传、推广目的的页面时，需要注意严格按照广告法设计，避免设计的作品中出现违反规定的文字、图像等，这样不但可以避免后续修改，也可以避免对消费者造成误导，以及帮助品牌、店铺和商家树立良好的形象。

- **主题活动**。主题活动全屏海报主要是针对多个商品或全店商品进行推广，要求具备一定的视觉冲击力，具备活动氛围，传达营销活动的主题诉求，从而快速吸引消费者的注意。图4-29所示即"双11"主题活动的全屏海报。

图4-29　主题活动的全屏海报

- **品牌塑造**。品牌塑造全屏海报主要针对品牌形象进行设计，视觉重点是品牌的推广。在使用全屏海报进行品牌推广时，可以通过个性化的创意设计或品牌识别设计来提高品牌的认知度和影响力，加强消费者对品牌的印象，也可在消费者已经对品牌形成固定印象时，通过全屏海报对品牌信息进行展示，强化消费者对品牌的识别度。图4-30所示的品牌塑造全屏海报即通过品牌名称、宣传标语等进行品牌的推广，强化消费者对品牌的记忆。

图4-30　品牌塑造的全屏海报

（二）全屏海报的视觉构图

全屏海报是店铺首页中向消费者传递信息的重要模块，其视觉表现的好坏直接影响着营销效果，好的构图能够让全屏海报的视觉效果更加出彩，提升视觉表现力。

- **左右构图**。左右构图是比较典型的构图方式。此种构图方式非常稳定、平衡，大多数的全屏海报都可采用这种构图方式，一般可分为左图右文或者左文右图两种方式。
- **左中右构图**。左中右构图即左右两边为图片，中间为主要文字。相比于左右构图，这种构图方式更具形式感，更灵活。
- **上下构图**。上下构图可分为上文下图和上图下文两种方式，与左右构图的作用相似，具有稳定性与平衡性。
- **底面构图**。底面构图主要是底部一层为图片，中间一层通过半透明区域来确定文字部分，上面一层为文字部分，这种构图能够很好地体现出商品品质与店铺形象。
- **倾斜构图**。倾斜构图会让画面显得时尚、动感，但要注意控制画面的平衡感，一般根据消费者阅读习惯来进行设计，倾斜式的文案倾斜角度不要大于30°，而且文字一般往右上方倾斜。

（三）全屏海报的设计与制作

全屏海报需要结合店铺的整体风格进行制作，本例的珠宝店铺准备针对七夕节开展"全店满 1000 元减 100 元"的活动，在设计时可采用梦幻的设计风格和色调，营造浪漫、甜蜜的氛围，具体操作如下。

微课视频

全屏海报的设计
与制作

步骤 01 ▶新建大小为"1920像素×800像素"，分辨率为"72像素/英寸"，名称为"珠宝全屏海报"的文件。选择"渐变工具" ■，在工具属性栏中设置渐变颜色为"#7fd9fe～#ffffff"，在图像编辑区顶部单击，按住鼠标不放向下拖曳鼠标指针，填充线性渐变背景。

步骤 02 ▶打开"云层.psd"素材文件（配套资源:\素材文件\项目四\云层.psd），将其中的所有图层拖入海报中，调整大小和位置，效果如图4-31所示。

图 4-31　云层拖入效果

步骤 03 ▶使用"横排文字工具" T 在左侧输入"缘定七夕""幸福相伴"文字，设置字体、文字颜色分别为"方正字迹-心海龙体 简""#fff8f7"，调整文字的大小和位置。

步骤 04 ▶选择"缘定七夕"文字图层，选择【图层】/【图层样式】/【描边】命令，打开"描边"对话框，设置描边颜色为"#ffffff"，其他参数如图4-32所示；在左侧单击选中"内阴影"复选框，在右侧设置内阴影颜色为"#ff0000"，其他参数如图4-33所示；在左侧单击选中"内发光"复选框，保持默认设置不变；在左侧选中"渐变叠加"复选框，在右侧设置渐变颜色为"#ff4371～#fe8989～#ffdbd9"，其他参数如图4-34所示。

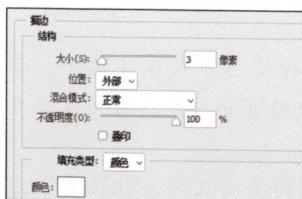

图4-32 设置描边

图4-33 设置内阴影

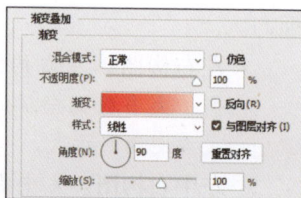

图4-34 设置渐变叠加

步骤05 ▶ 单击 确定 按钮，然后将该图层样式复制、粘贴到"幸福相伴"文字图层上，效果如图4-35所示。

步骤06 ▶ 打开"飘带.psd"素材文件（配套资源:\素材文件\项目四\飘带.psd），将其中所有图层拖曳至横排标题下方。选择"钢笔工具" ⌀.，在飘带上绘制图4-36所示的路径。

图4-35 "缘定七夕""幸福相伴"文字效果

步骤07 ▶ 选择"横排文字工具" T.，将鼠标指针移至路径左端，当其变为 I 形状时单击，然后输入"全店满1000元减100元"文字，设置字体、字体样式、字号、字距和文字颜色分别为"思源黑体 CN""Bold""60点""50""#ffffff"，如图4-37所示。

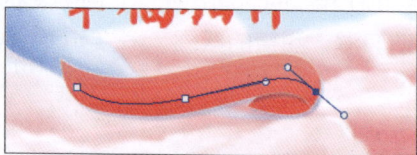

图4-36 绘制路径

图4-37 制作文字

步骤08 ▶ 打开"礼盒.psd"素材文件（配套资源:\素材文件\项目四\礼盒.psd），将其中所有图形拖曳至海报右侧，然后置入"对戒.jpg"素材文件（配套资源:\素材文件\项目四\对戒.jpg），将其移到礼盒中，调整大小和位置。

步骤09 ▶ 选择"对象选择工具" ▦，绘制矩形框选区框选对戒，如图4-38所示，Photoshop将自动识别对象并为其建立选区，如图4-39所示。按【Ctrl+J】组合键复制选区内容，删掉原来的对戒图层，完成对戒的抠取，效果如图4-40所示。

步骤10 ▶ 依次置入"喜鹊.png""人物.png"素材文件（配套资源:\素材文件\项目四\喜鹊.png、人物.png），调整至合适的大小和位置。

步骤11 ▶ 复制2个粉色云层所在图层，将复制后的图层移到"图层"面板顶部，调整其在海报中的位置，使其适当遮挡礼盒底部，最后保存文件，最终效果如图4-41所示（配套资源:\效果文件\项目四\珠宝全屏海报.psd）。

图 4-38 绘制矩形框选区

图 4-39 对象选区

图 4-40 对戒抠取效果

图 4-41 最终效果

三、任务实训

实训一：制作洗衣机全屏海报

1. 实训要求

根据提供的素材制作洗衣机全屏海报（配套资源：\素材文件\项目四\洗衣机全屏海报\），要求使用左右构图方式对海报进行布局，商品与背景自然融合，主题突出，完成后的参考效果如图 4-42 所示（配套资源：\效果文件\项目四\洗衣机全屏海报 .psd）。

图 4-42 洗衣机全屏海报参考效果

2. 实训目标

（1）掌握洗衣机全屏海报的设计与制作方法。

（2）掌握左右构图布局方式。

3．实训思路

步骤01 ▷ 新建文件，置入"洗衣机背景.jpg"素材文件。

步骤02 ▷ 置入"洗衣机.png""植物.png"素材文件，调整大小与位置，为这两个素材图层分别添加"投影"图层样式，使其形成阴影效果。

步骤03 ▷ 选择"横排文字工具" **T.**，在图像中间空白处输入主题文字与描述性文字。

步骤04 ▷ 选择"矩形工具" □，在描述性文字下方绘制渐变颜色为"#1377cc～透明"矩形，再为"立即抢购"文字绘制圆角矩形用以装饰。

实训二：制作水果店铺全屏海报

1．实训要求

根据提供的素材制作水果店铺全屏海报（配套资源 :\ 素材文件 \ 项目四 \ 水果店铺全屏海报 \），通过背景与文字的描述体现整店活动主题，并使用上下构图方式进行海报的设计与制作，要求布局均衡，视觉效果美观清新，完成后的参考效果如图 4-43 所示（配套资源 :\ 效果文件 \ 项目四 \ 水果店铺全屏海报 .psd）。

2．实训目标

（1）掌握水果店铺全屏海报的设计与制作方法。

（2）掌握上下构图布局方式。

3．实训思路

步骤01 ▷ 新建文件，将"背景.psd"素材文件中的所有内容拖入海报中，调整大小和位置，置入"基地.jpg"素材文件，将其拖动到大椭圆形所在图层上方，再创建剪贴蒙版。

步骤02 ▷ 置入"木牌.png""木桌.png"素材文件，将"水果篮.psd"素材文件中的所有内容拖入海报中，调整大小和位置。

步骤03 ▷ 使用"横排文字工具" **T.** 和"钢笔工具" ∅ 制作路径文字，用于展示主题和促销信息。

步骤04 ▷ 选择"自定形状工具" ✿，在主题文字中间绘制爱心形状。

步骤05 ▷ 为主题文字添加"投影""渐变叠加"图层样式，为爱心形状添加"投影""斜面和浮雕"图层样式。

图 4-43　水果店铺全屏海报参考效果

四、任务考核

为某女装店铺制作以商品宣传为主题的全屏海报（配套资源：\ 素材文件 \ 项目四 \ 女装全屏海报背景 .png、女装全屏海报模特 .png），要求采用至少一种海报构图方式，其视觉效果要简约、美观，参考效果如图 4-44 所示。

图 4-44　参考效果

任务四　优惠活动区的视觉营销设计

在设计店铺首页时，除了店招与导航、全屏海报外，大部分店铺还会设计优惠活动区用于展示优惠活动和主推商品，让消费者可以大致了解店铺的活动信息和商品内容。

课堂讨论

针对下列问题展开讨论：
（1）在设计优惠活动区时应注意哪些问题？
（2）如何使优惠活动区的设计更加美观？

一、任务目标

优惠活动区主要由优惠券、商品分类区和活动专区 3 部分组成，在实际设计过程中可根据店铺的实际情况进行删减。通过学习本任务，读者可以充分了解优惠券视觉设计、商品分类区视觉设计、活动专区视觉设计等知识，掌握优惠活动区各部分的设计与制作方法。

二、相关知识

（一）优惠券视觉设计

优惠券是指消费者在收藏店铺、购买商品或参加店铺活动时，商家给消费者的促销券。在制作优惠券前，需要先掌握优惠券设计要点。

1. 优惠券设计要点

优惠券是商家常用的一种营销方式。一般来说，一张优惠券上最醒目的信息通常是优惠面额。除此之外，设计优惠券时还需要对其他的必要信息进行完善。

- **优惠券的使用范围**。明确优惠券的使用范围，如是全场通用还是限定使用。全场通用是指可以购买该店铺内的任何商品，限定使用是指只允许购买指定的商品。

- **优惠券的使用条件**。如"消费满200元可使用20元优惠券"就是优惠券的使用条件。限制优惠券的使用条件，可以在刺激消费者消费的同时较大限度地保证利润空间。

- **优惠券的使用周期限制**。一般情况下，如果店铺是短期推广，优惠券的使用周期应接近消费周期，若是做促销活动，那么优惠券的使用周期也将是对应的促销天数。限制使用时间可以让消费者产生过期浪费的心理，提高消费者对优惠券的使用率。

- **优惠券的使用张数限制**。如"每笔订单限用一张优惠券"，可防止折上折的情况。

2. 制作优惠券

下面为珠宝店制作跨店优惠券和店铺优惠券。在制作时先确定各类优惠券的面额以及使用条件，再绘制优惠券的形状，具体操作如下。

微课视频

制作优惠券

步骤01 ▶新建大小为"1920像素×4210像素"，分辨率为"72像素/英寸"，名称为"珠宝店优惠活动区"的文件。

步骤02 ▶制作跨店优惠券。在"图层"面板底部单击"创建新图层"按钮圈。选择"画笔工具" ✐，在工具属性栏中设置画笔样式为"柔边圆"，大小为"1200像素"，不透明度为"40%"，设置前景色为"#b3c6f9"，在图像编辑区中多次单击以绘制背景，修改前景色分别为"#badcf9""#f8c6d1""#f7cfc7""#d7c4fe"，重复单击操作，效果如图4-45所示。

步骤03 ▶将制作全屏海报时使用的云层素材复制到图像编辑区顶部和底部进行布局，效果如图4-46所示。打开"装饰框.psd"素材文件（配套资源:\素材文件\项目四\装饰框.psd），将图4-47所示的装饰框拖动到顶部云层下方。

图4-45 背景效果　　　图4-46 添加云层　　　图4-47 添加装饰框

步骤04 选择"横排文字工具"**T.**，在紫色装饰框中输入"七夕佳节好券立即领"文字，设置字体、字体样式、字距和文字颜色分别为"思源黑体CN""Medium""25""#ffffff"，在"字符"面板中单击"仿斜体"按钮**T**，调整文字的大小和位置。

步骤05 选择"矩形工具"**□.**，在工具属性栏中设置填充为"#cd9ef0"，描边为"无颜色"，圆角半径为"15像素"，在文字下方绘制一个圆角矩形。选择"椭圆工具"**○.**，在工具属性栏中单击"路径操作"按钮**□**，在弹出的下拉列表中选择"减去顶层形状"选项，然后在圆角矩形上下两边靠右的位置绘制两个正圆，效果如图4-48所示。

步骤06 双击圆角矩形图层右侧的空白区域，打开"图层样式"对话框，单击选中"斜面和浮雕"复选框，在右侧设置高光颜色、阴影颜色分别为"#ffffff""#d6dbff"，其他参数如图4-49所示；单击选中"渐变叠加"复选框，设置渐变颜色为"#a9a8f5～#6252fc"，其他参数如图4-50所示。

图 4-48　绘制正圆后效果　　　图 4-49　设置斜面和浮雕　　图 4-50　设置渐变叠加

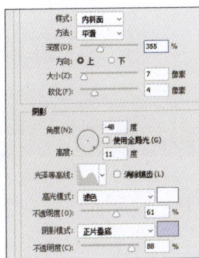

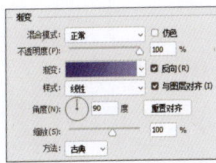

步骤07 单击 确定 按钮，效果如图4-51所示。选择"钢笔工具"**⌀.**，在工具属性栏中设置工具模式为"形状"，描边为"#ffffff"，描边宽度为"4像素"，描边选项为第3种描边样式，在跨店优惠券缺口处绘制一条竖线，然后使用"椭圆工具"**○.**在竖线右侧绘制一个较大的白色正圆，如图4-52所示。

步骤08 选择"横排文字工具"**T.**，在跨店优惠券中输入图4-53所示的文字，调整文字的字体颜色、大小和位置。

图 4-51　图层样式效果　　　图 4-52　绘制竖线　　　图 4-53　输入文字
　　　　　　　　　　　　　　　　和正圆

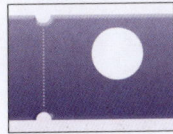

步骤09 绘制店铺优惠券。先使用与步骤5相同的方法，在满减券左下方绘制一个有缺口的圆角矩形，如图4-54所示。

步骤10 选择"矩形工具"**□.**，设置填充"#ffcdde～#f94f9b～#ffc0d5"，渐变

角度为"0"，在该图形底部绘制一个更大的圆角矩形，按【Alt+Ctrl+G】组合键向下创建剪贴蒙版，效果如图4-55所示。

步骤11 ▶ 选择"横排文字工具" **T.**，在店铺优惠券中输入图4-56所示的文字，调整文字的字体颜色、大小和位置。

步骤12 ▶ 将该店铺优惠券的所有内容创建为图层组，复制3个该图层组，移动位置并修改其中的优惠数额，制作其他3个店铺优惠券，最终效果如图4-57所示。

图 4-54　绘制有缺口的圆角矩形　　图 4-55　创建剪贴蒙版　　图 4-56　输入文字

图 4-57　最终效果

（二）商品分类区视觉设计

商品分类区的作用类似于导航，能起到引导消费者购买的作用。在进行商品分类区视觉设计之前，需要先掌握商品分类区视觉设计要点。

1. 商品分类区视觉设计要点

商品分类区一般位于优惠券的下方，为了更好地发挥商品分类板块的作用，需要从商品属性、分类方式等方面入手。

- 要充分考虑店铺商品属性和消费者的浏览习惯。
- 要展示重点商品，如店铺新品和主推商品，在设计时将这类商品尽量靠前排，从而增加该类商品的曝光率。
- 分类不是越多越好，一般建议分为4～8个主营类目即可，也可根据商品总体分类附带类目链接，便于消费者浏览。
- 清晰明了是基本的要求，不要出现重复分类，以免浪费资源。

2. 制作商品分类区

商品分类区一般是店铺主营商品系列的汇总展示，它能够让消费者更快捷地找到自己心仪的商品，下面将制作珠宝店铺的商品分类，设计时可运用图文组合的形式，明确直观地展示商品类别，便于消费者查看，具体操作如下。

步骤 01 将"装饰框.psd"素材文件中的"组2"图层组拖动到优惠券下方。

步骤 02 置入"梦幻光影.png"素材文件（配套资源:\素材文件\项目四\梦幻光影.png），将其移动到较大的图形上，按【Alt+Ctrl+G】组合键创建剪贴蒙版。

步骤 03 使用"横排文字工具"**T.** 在紫色装饰框中输入"多材质 高品质"标题，效果如图4-58所示。

步骤 04 使用"矩形工具"▢. 在紫色装饰框左下方绘制一个白色的圆角矩形，双击圆角矩形图层右侧的空白区域，打开"图层样式"对话框，单击选中"内阴影"复选框，在右侧设置内阴影颜色为"#b5bef4"，其他参数如图4-59所示；单击选中"投影"复选框，设置投影颜色为"#000000"，其他参数如图4-60所示。

图 4-58　制作背景和标题　　图 4-59　设置内阴影　　图 4-60　设置投影

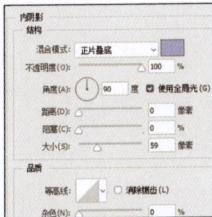

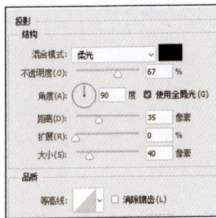

步骤 05 单击 ⬭确定 按钮，效果如图4-61所示。置入"黄金.jpg"素材文件（配套资源:\素材文件\项目四\黄金.jpg），将其移到圆角矩形上，按【Alt+Ctrl+G】组合键创建剪贴蒙版。

步骤 06 使用"横排文字工具"**T.** 在黄金图像上方输入"— 黄金专区 —"文字，效果如图4-62所示。

步骤 07 将该模块的所有内容创建为图层组，复制5个该图层组，移动位置并修改其中的图文内容，最终效果如图4-63所示。

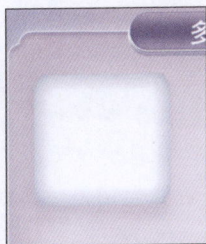

图 4-61　图层样式效果　　图 4-62　添加图片和文字　　图 4-63　最终效果

（三）活动专区视觉设计

活动专区是店铺中非常常见的促销板块，商家通过此板块可以直接向消费者推广店铺中的商品，从而引导消费者购买。在制作活动专区之前，需要先掌握该区域的视觉设计要点。

1. 活动专区视觉设计要点

在制作活动专区时，通常配合商品、文案、价格等信息来展示活动内容，为了设计出符合需求的活动，设计过程中需要注意以下两个方面。

- 活动专区中每一个商品的名称定义要全面、准确，不能过于复杂或过于简单，应尽量体现出商品名字和特点。
- 活动专区中的每一个商品图片都有着吸引消费者点击的作用，在设计时除了选择店铺中受欢迎商品外，还可选择临近下架的商品，因为临近下架时间的商品会获得淘宝网的优先展示机会，有一定的概率让消费者优先查看。

2. 制作活动专区

活动专区主要用于展示促销商品与促销活动。制作活动专区时，先制作横幅海报，再在海报的下方分别制作单个商品的展示区，具体操作如下。

微课视频

制作活动专区

步骤01 ▶ 将"装饰框.psd"素材文件中的"深紫色框"图层拖动到商品分类区下方，置入"梦幻光影.png"素材文件，将其拖动到深紫色框上，按【Alt+Ctrl+G】组合键创建剪贴蒙版，效果如图4-64所示。

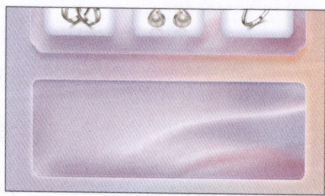

图4-64　制作背景

步骤02 ▶ 置入"活动1.png"素材文件，将其放置在横幅海报右侧，将"装饰框.psd"素材文件中的"按钮"图层组拖动到金戒指左下方。

步骤03 ▶ 选择"椭圆工具" ○. ，在工具属性栏中设置填充为"#7d89f5"，描边为"#ffffff"，描边宽度为"8像素"，在金戒指右上方绘制一个正圆。

步骤04 ▶ 双击正圆图层右侧的空白区域，打开"图层样式"对话框，在左侧单击选中"光泽"复选框，在右侧设置参数如图4-65所示；单击选中"投影"复选框，设置参数如图4-66所示，然后单击 确定 按钮。打开"按钮.psd"素材文件（配套资源:\素材文件\项目四\按钮.psd），将其中的所有内容拖曳至金戒指左侧，效果如图4-67所示。

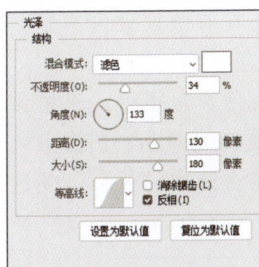

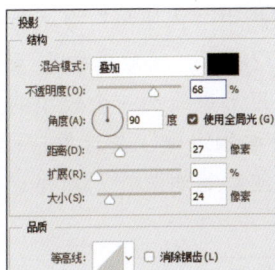

图 4-65　设置光泽　　　　图 4-66　设置投影　　　　图 4-67　戒指、正圆和按钮效果

步骤 05 ▶选择"横排文字工具" **T.**，设置文字颜色为"#7363cc"，在按钮上方输入"七夕臻爱系列""省钱半价购"文字；修改文字颜色为"#ffffff"，在按钮中输入"马上选购>"文字；修改文字颜色为"#ffd9c3"，在正圆中输入"5折"文字，为文字设置其他合适的参数。

步骤 06 ▶双击"马上选购>"文字图层右侧的空白区域，打开"图层样式"对话框，在左侧单击选中"投影"复选框，在右侧设置参数如图4-68所示，然后单击 确定 按钮。

步骤 07 ▶双击"5折"文字图层右侧的空白区域，单击选中"渐变叠加"复选框，设置渐变颜色为"#ffc7a7～#ffffff"，其他参数如图4-69所示；单击选中"投影"复选框，设置参数如图4-70所示，然后单击 确定 按钮，效果如图4-71所示。

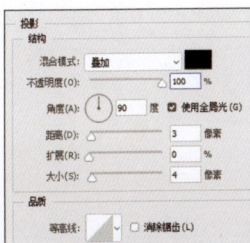

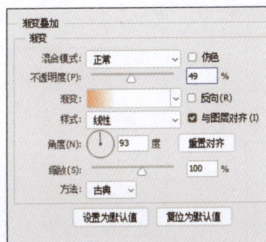

图 4-68　设置投影　　　　图 4-69　设置渐变叠加　　　　图 4-70　设置投影

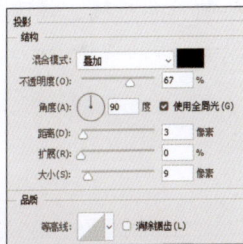

图 4-71　查看添加图层样式的效果

步骤 08 ▶将"多材质 高品质"文字的装饰框复制到横幅海报下方，使用"矩形工具" ▢.在装饰框下方绘制一个白色的大圆角矩形，双击该图层右侧的空白区域，打

开"图层样式"对话框，在左侧单击选中"内阴影"复选框，在右侧设置内阴影颜色为"#b5bef4"，其他参数如图4-72所示，然后单击 确定 按钮。

步骤09 使用"矩形工具" ▭ 在圆角矩形中绘制一个较小的白色圆角矩形，双击该图层右侧的空白区域，单击选中"斜面和浮雕"复选框，设置高光颜色、阴影颜色分别为"#ffffff""#617cc8"，其他参数如图4-73所示；单击选中"投影"复选框，设置参数如图4-74所示。

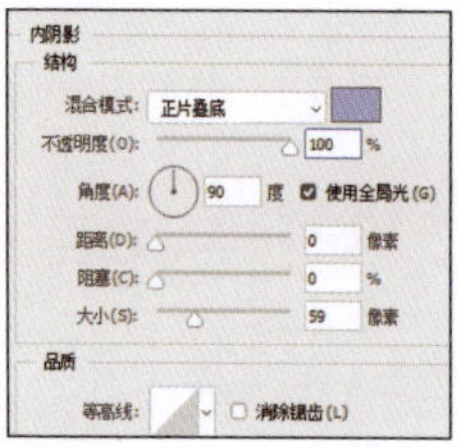

图4-72 设置投影 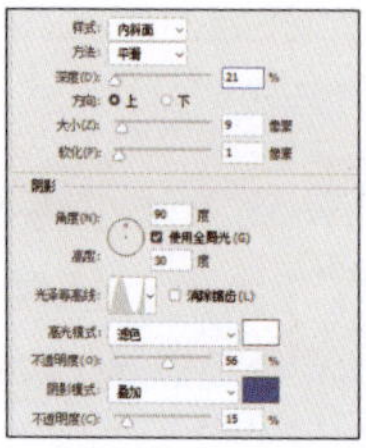   图4-73 设置斜面和浮雕 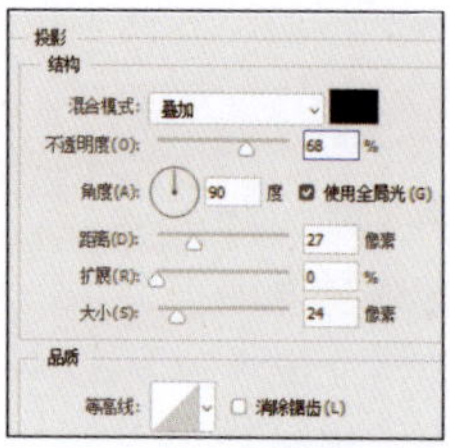   图4-74 设置投影

步骤10 单击 确定 按钮，圆角矩形效果如图4-75所示。置入"活动2.jpg"素材文件（配套资源:\素材文件\项目四\活动2.jpg），将其移至圆角矩形左侧，按【Alt+Ctrl+G】组合键创建剪贴蒙版。

步骤11 选择"钢笔工具" ✐ ，在工具属性栏中设置工具模式为"形状"，填充为"#f6697c"，描边为"无颜色"，在圆角矩形右侧绘制一个向下的大箭头；再在箭头下方绘制一条折线，修改其填充为"#f269ac"，效果如图4-76所示。

图4-75 圆角矩形效果 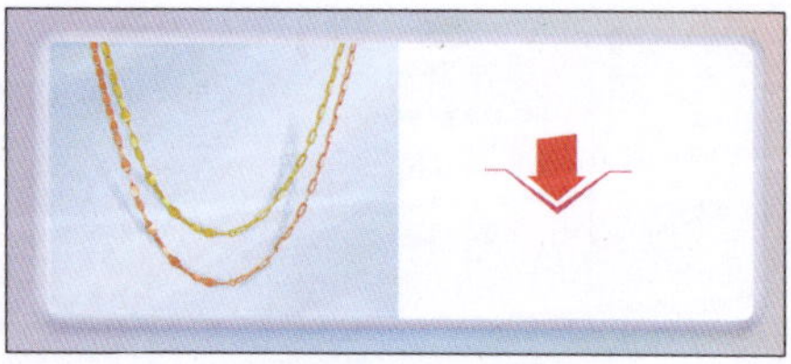   图4-76 添加图片并绘制箭头和折线

步骤12 使用"矩形工具" ▭ 在折线右侧绘制一个填充为"#f6697c"的圆角矩形，然后再折线下方绘制一个较大的矩形，设置填充为"#6252fc～#a9a8f5"。

步骤13 双击该矩形图层右侧的空白区域，单击选中"斜面和浮雕"复选框，设置高光颜色、阴影颜色分别为"#ffffff""#d6dbff"，其他参数如图4-77所示，然后单击 确定 按钮。

步骤14 置入"购物车.png"素材文件（配套资源:\素材文件\项目四\购物车.png），将其移至矩形右侧，效果如图4-78所示。

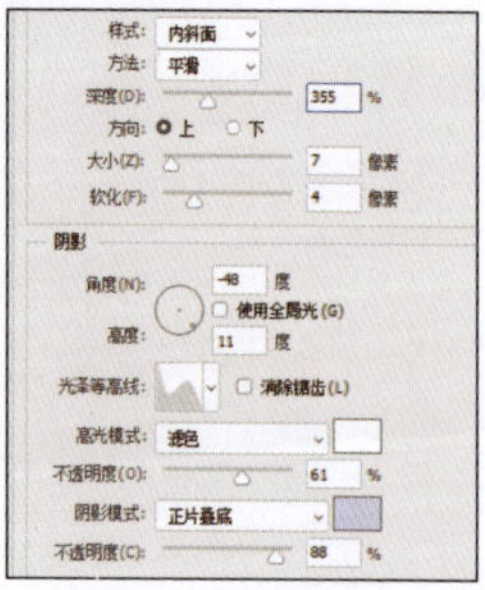

图4-77 设置斜面和浮雕

步骤15 使用"横排文字工具" **T.** 输入图4-79所示的文字，设置文字颜色分别为"#ffffff""#f6697c""#8175fc""#737373"，为文字设置其他合适的参数。

图 4-78　置入购物车

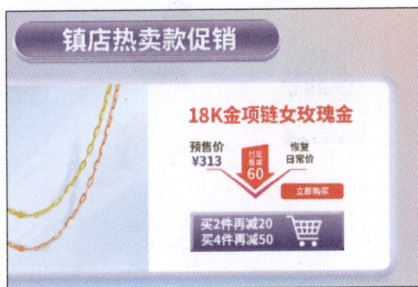

图 4-79　输入文字

步骤16 将项链模块的所有内容创建为图层组，然后复制该图层组，移动位置并修改其中的图文内容，最终效果如图4-80所示。

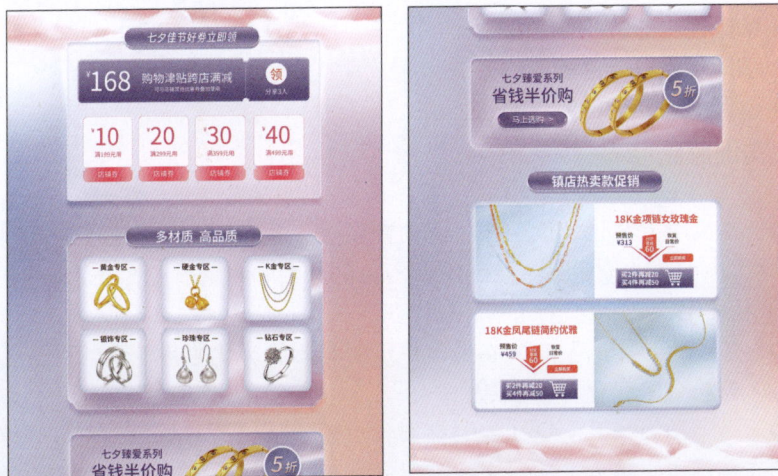

图 4-80　最终效果

三、任务实训——制作女装店铺的优惠活动区

1. 实训要求

运用提供的素材制作女装店铺优惠活动区（配套资源：\素材文件\项目四\女装店铺优惠活动区），要求优惠券风格与店铺风格一致，商品信息条理分明、直观清楚，整体效果简约、美观，参考效果如图 4-81 所示（配套资源：\效果文件\项目四\女装店铺优惠活动区 .psd）。

图4-81 参考效果

2. 实训目标

（1）掌握优惠券的制作方法。

（2）掌握商品分类区的制作方法。

（3）掌握活动专区的制作方法。

3. 实训思路

步骤01 ▶ 新建大小为"1920像素×4160像素"的文件，先使用"矩形工具"▢绘制填充为"#ddeed7"，大小为"2100像素×1120像素"的矩形，置入"女装优惠券背景.jpg"素材文件。

步骤02 ▶ 选择"矩形工具"▢，在图像中绘制矩形作为优惠券轮廓，再使用"横排文字工具"**T**输入单张优惠券信息。

步骤03 ▶ 选择"椭圆工具"◯，绘制椭圆作为领取按钮的背景，再使用"横排文字工具"**T**在椭圆上方输入"领"文字，即完成1张优惠券的制作，完成后再复制2张优惠券，并修改具体优惠内容。

步骤04 ▶ 制作商品分类区。使用"矩形工具"▢绘制多个不同大小的矩形进行布局。

步骤05 ▶ 置入"女装1.jpg~女装5.jpg"素材文件，将图片分别拖动到对应矩形上，创建剪贴蒙版。

步骤06 ▶ 使用"横排文字工具"**T**输入分类信息文字，再使用"矩形工具"▢为部分标题文字绘制背景框。

步骤07 ▶ 制作活动专区。使用"矩形工具"▢绘制整个背景区域，使用"横排文字工具"**T**输入该区域标题文字，然后使用"直线工具"╱在标题两侧绘制装饰横线。

步骤08 ▶ 使用"矩形工具"▢绘制多个不同大小的矩形，置入"女装模特1.jpg~女装模特7.jpg"素材文件，创建剪贴蒙版。

步骤 09 使用"横排文字工具"**T**,输入商品价格和宣传语,再使用"矩形工具"▢,绘制装饰矩形。

四、任务考核

为某家电店铺设计优惠活动区（配套资源:\素材文件\项目四\家电店铺优惠活动区）,要求包含优惠券、商品分类区和活动专区,其视觉效果要简约、大方,参考效果如图 4-82 所示。

图 4-82　参考效果

拓展延伸

（一）店铺首页的设计思路

在进行首页视觉设计时,可以按照以下思路来进行。

（1）规划首页需用的模块。根据店铺近期的运营要求,对店铺首页的布局进行整体规划,包括需要使用哪些功能模块,模块的数量以及排列等。比如某店铺近期准备展开促销活动,主推人气商品,同时对库存较多的商品进行促销,那么它就可以将首页设计为店招、导航、全屏海报、热销专区、促销专区等模块。如果该店铺想要打造品牌形象,提升品牌认知度和影响力,则可以设置品牌推广专区,将首页

设计为店招、导航、全屏海报、品牌介绍、分类专区、主推商品等模块。

（2）根据店铺的视觉定位和品牌视觉规范确定首页的布局、配色等，比如某商品以橙色为主色调，则在店铺首页设计中可以灵活运用橙色进行装修。

（3）确认各个模块的样式、细节和排列方式，让其既具备一定的美感，又方便消费者浏览。在确定模块样式、排列方式时，也可以结合模块的引导下单转化率，然后选择引导下单转化率更高的模块样式。

（二）店铺首页前三屏的视觉设计

店铺首页前三屏视觉设计是指对店铺首页第一、二、三屏的内容进行的重点设计。消费者在关注一个页面时，通常最初关注的信息是最多的，越往下看，关注信息会越少，所以店铺首页设计必须把能体现店铺形象，或者人气较高、销量较好的商品放置在靠前的位置，以吸引消费者。

- 店铺首页的第一屏要让消费者获取到足够多的重要信息，很多店铺的首屏内容基本都是店招、导航、全屏海报等内容，其中全屏海报是消费者浏览首屏时的视觉中心，通过全屏海报的轮换播放，既可以宣传店铺的形象，又可以对主推商品、热门活动等进行分流。
- 店铺首页的第二、三屏通常会放置主推商品、客服模块、促销区等，具体应根据店铺的实际营销计划安排，比如在第二、三屏设置促销模块清理库存，或者设置"上新"模块推销店内新品等。

实战与提升

制作厨房用具店铺首页（配套资源:\素材文件\项目四\厨房用具店铺首页），要求风格简约，综合采用多种构图方式，使其更具设计性和美观性，能体现活动信息，并展现热销商品和新品，以提高网店的销量（配套资源:\效果文件\项目四\厨房用具店铺首页.psd）。

提示：制作店招、全屏海报及其他各区域的内容时，整体风格要保持一致。

PART 05

项目五
商品的视觉营销设计

大部分消费者都是在查看商品主图和商品详情页后才下单购买商品的，因此商品主图和商品详情页至关重要。此外，精美且凸显卖点的商品推广图，如直通车图、引力魔方图等，还能使消费者感受到商家的诚意，吸引消费者点击查看商品，增加商品的流量和销量。

【知识目标】

• 了解商品主图和商品详情页的设计技巧，掌握其制作方法。

• 掌握直通车图、引力魔方图等商品推广图的设计要点和制作方法。

【素养目标】

• 遵守电子商务平台规则，实事求是，不做虚假宣传。

• 理解营销目标，洞察消费者需求，提升设计创新能力。

学习导图

案例导入

数字化时代下，网络购物已经成为消费者日常生活的一部分，许多线上平台都为消费者提供了海量的商品选择。例如，想要购买一款运动鞋，只需打开电子商务网站搜索关键词"运动鞋"，便能在搜索结果中看到许多运动鞋主图，消费者会选择并单击具有吸引力的运动鞋主图，进入该运动鞋的商品介绍页面，如图5-1所示，顶部有多张精美的主图，多角度地展示了该运动鞋的卖点。

下滑页面即可看到运动鞋详情页，如图5-2所示。焦点图具有吸引力和代表性，能直观地展示商品卖点。其次，消费者可以看到运动鞋的卖点图、信息展示图和细节图等，对商品有更深层次的了解。整体页面布局简洁明了，同时配合文字描述、多角度的实拍图片和模特运动场景的展示，让消费者更全面地了解这双运动鞋的性能、舒适度和时尚感。这些商品信息都被精心设计和排版，不仅帮助消费者更好地理解商品的特点和功能，还增强整个页面的视觉效果，留住消费者视线。

由此可见，在与商品相关的视觉营销设计中（包括但不限于主图、商品详情页设计），使用高质量的图片、适当的文案和精心设计的排版，可以吸引消费者的注意力，并增加商品的销售量。同时，这些视觉元素也为消费者提供了更多关于商品的信息，帮助他们做出更明智的购买决策。

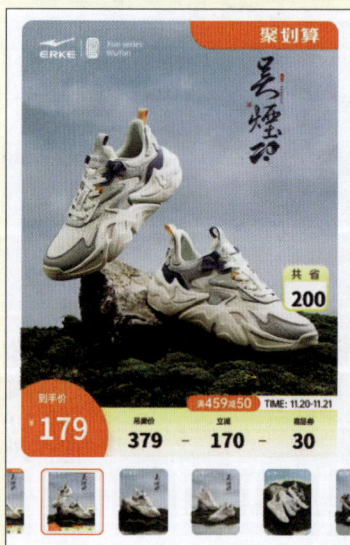

图5-1　运动鞋主图　　　　图5-2　运动鞋详情页

任务一　商品主图的视觉营销设计

　　商品主图就是电子商务平台搜索结果页面中显示的商品图片，除了出现在商品搜索结果页面外，主图还经常出现在店铺首页、店铺活动页和商品详情页等位置，对引导消费者进店起着关键性的作用。对商家而言，商品主图的视觉效果几乎直接决定着店铺的流量，因此需做好商品主图的视觉设计。

课堂讨论

　　针对下列问题展开讨论：
　　（1）商品主图如何吸引消费者？
　　（2）商品主图有多少张？每张的设计重点都相同吗？

一、任务目标

　　商品主图是店铺获取流量的重要途径，因此需打造更优质的商品主图视觉效果。通过本任务的学习，读者可以熟悉商品主图的设计规范和视觉设计方式，并掌握商品主图的制作方法。

二、相关知识

（一）商品主图设计规范

　　主图规范主要分为尺寸规范和数量规范，设计时应该根据平台、店铺类目、商品特点来抉择。

- **尺寸规范**。淘宝横版主图的尺寸是800像素×800像素；淘宝竖版主图的尺寸为900像素×1600像素、750像素×1000像素，需达到9:16或者3:4的比例；京东平台主图尺寸为800像素×800像素；拼多多的主图尺寸为740像素×352像素。为了不重复制作，网店美工在制作横版主图时一般采用800像素×800像素的通用尺寸，分辨率选择72像素/英寸，大小尽量控制在3MB以内。
- **数量规范**。在拼多多平台上，商品的主图全部数量为1个主图视频＋10张主图图片，首张主图会在搜索页面中显示，因此需要重点制作，而第2~5张主图内容为展示的商品，第6~10张主图内容为展示消费者对商品的评价。淘宝平台采用5张主图的模式，或1个主图视频＋5张主图的模式。

（二）商品主图视觉设计方式

　　符合标准的商品主图一般都具有背景简单、图片清晰、能够展示商品全貌等特点，在此基础上，还可以运用以下方式来设计主图。

- **单色背景主图**。单色背景是天猫、京东等平台十分常规的一种主图方式，使用单色背景可以更清晰地展示商品外观、细节、颜色等，重点突出商品本身，让消费者快速直接地获取到商品信息，如图5-3所示。
- **场景化主图**。场景化主图是指将商品展示在真实的使用环境中，或根据商品的特点，为其搭建生活化的场景，这样可以直接体现商品的适用范围和人群，同时还可以让消费者直观地感受到商品的实际使用效果，产生对商品的使用联想，从而增加其点击商品的概率，图5-4所示为场景化主图。

图 5-3 单色背景主图

图 5-4 场景化主图

- **卖点式主图**。商品卖点包括商品突出的功能、作用、特点及营销优惠等，是消费者十分关注的信息，很多商家在通过主图展示商品时，会搭配文案，针对商品卖点进行展示，吸引消费者点击，图5-5所示为卖点式主图。使用卖点展示主图时需注意，文案信息应简单清晰，便于阅读，要控制好文字的数量和排版，防止被平台判定为主图不规范，从而对商品进行降权。
- **组合式主图**。将一个商品的多个细节或多个商品组合在一张主图中展示。组合式主图可以多方面地展示商品信息，如同时展示商品细节、展示商品全部颜色或样式等，如图5-6所示。

图 5-5 卖点式主图

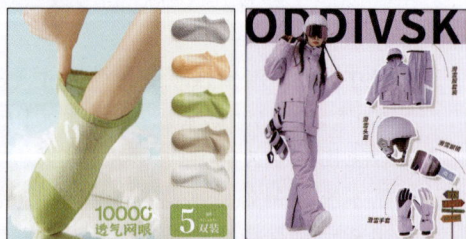

图 5-6 组合式主图

（三）商品主图制作方法

制作商品主图时，可以先选择符合商品的背景，然后合理清晰地展示商品，再通过图形和文字的组合凸显商品卖点，最后根据需要添加促销信息。下面为一款笔记本电脑制作竖版商品主图，参考组合式主图和卖点式主图的设计方式，展示笔记本电脑主体

微课视频

商品主图的制作

及多款赠品信息，并使用文案体现笔记本电脑卖点和价格的优惠，具体操作如下。

步骤 01 ▷新建大小为"800像素×800像素"，分辨率为"72像素/英寸"，名称为"电脑主图"的文件。设置前景色为"#d389db"，按【Alt+Delete】组合键填充前景色。

步骤 02 ▷新建图层，设置前景色为"#605cee"，选择"画笔工具" ，在工具属性栏中设置画笔样式为"柔边圆"，大小为"400像素"，不透明度为"20%"，在图像编辑区中涂抹。

步骤 03 ▷使用与步骤02相同的方法，适当调整画笔大小和不透明度，在图像编辑区中分别涂抹粉色、蓝色、紫色，使其形成梦幻的背景效果，如图5-7所示。

步骤 04 ▷选择"钢笔工具" ，在工具属性栏中设置工具模式为"形状"，填充为"#eac3f9～#e5f8ff～#ffffff～#a0d3e6"，描边为"#daa9ff～#ffffff～#ffdafe～#b37eff"，描边宽度为"4像素"，在图像中绘制图5-8所示的图形，并设置该图层混合模式为"变亮"，填充为"66%"。

步骤 05 ▷置入"笔记本电脑.png"素材文件（配套资源:\素材文件\项目五\笔记本电脑.png），将其移至主图右侧。

步骤 06 ▷使用"横排文字工具" 在顶部输入店铺名称、商品名称、商品简介，设置合适的文字格式，效果如图5-9所示。

图5-7　制作背景　　　　图5-8　绘制图形　　　　图5-9　输入文字

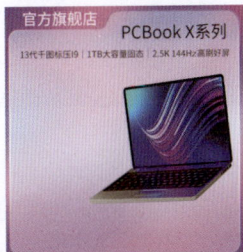

步骤 07 ▷打开"主图装饰.psd"素材文件（配套资源:\素材文件\项目五\主图装饰.psd），将其中的"价格栏"图层组拖动到笔记本电脑下方，然后使用"横排文字工具" 输入价格，效果如图5-10所示。

步骤 08 ▷选择"矩形工具" ，在工具属性栏中设置填充为"#ffffff"，描边为"#daa9ff～#ffd2f6～#ffffff～#fb8dd5～#ffdafe～#b37eff"，描边宽度为"2像素"，圆角半径为"12像素"，在电脑左上方绘制一个圆角矩形，在"图层"面板中设置该图层填充为"50%"。

步骤 09 ▷按【Ctrl+J】组合键复制该圆角矩形，缩小并移动到圆角矩形上边缘，在"属性"面板的"外观"栏中修改填充为"#daa9ff～#ffd2f6～#ffffff～#fb8dd5～#ffdafe～#b37eff"，描边宽度为"1.5像素"，圆角半径为"18像素"，在"图层"面板中设置该图层填充为"100%"。

步骤 10 ▸ 置入 "电脑包.png" 素材文件（配套资源:\素材文件\项目五\电脑包.png），将其分别移至步骤09制作的圆角矩形中。

步骤 11 ▸ 使用 "横排文字工具" T.在电脑包右侧输入 "299元电脑包" 文字，设置合适的文字格式，效果如图5-11所示。

步骤 12 ▸ 将 "主图装饰.psd" 素材文件中的 "送套装" 图层组拖动到电脑包下方。置入 "鼠标.png" "键盘.png" 素材文件（配套资源:\素材文件\项目五\鼠标.png、键盘.png）。

步骤 13 ▸ 使用 "横排文字工具" T.在 "送套装" 模块中输入标题文字和相应的说明文字，设置合适的文字格式，最终效果如图5-12所示（配套资源:\效果文件\项目五\电脑主图.psd）。

图 5-10 制作价格栏 　　 图 5-11 制作入会赠品模块 　　 图 5-12 最终效果

三、任务实训——制作电热锅主图

1. 实训要求

根据提供的素材制作电热锅主图（配套资源:\素材文件\项目五\电热锅.tif），要求商品展现效果美观，卖点突出，完成后的参考效果如图5-13所示（配套资源:\效果文件\项目五\电热锅主图.psd）。

2. 实训目标

（1）熟悉商品主图的设计规范。
（2）掌握卖点式主图的设计方法。

3. 实训思路

图 5-13 参考效果

步骤 01 ▸ 新建文件，将背景填充为渐变紫色，使用形状工具组和 "画笔工具" ✎ 绘制背景和文字装饰框。

步骤 02 ▸ 置入 "电热锅.tif" 素材文件，将素材移动到白色圆角矩形的上方创建剪贴蒙版。

步骤 03 ▸ 适当增加商品图像的饱和度，并为白色圆角矩形添加 "内发光" 图层样

式，为右上角的圆角矩形添加"渐变叠加""斜面和浮雕"图层样式。

步骤04 ▶ 使用"横排文字工具" **T** 输入文字，为"129"文字添加"渐变叠加"图层样式，为其他文字适当添加"投影"图层样式，丰富画面效果。

四、任务考核

根据提供的素材（配套资源:\素材文件\项目五\玉米.jpg）为玉米制作商品主图，要求背景清新自然，卖点精练、直观，参考效果如图 5-14 所示。

图 5-14　参考效果

任务二　商品详情页的视觉营销设计

商品详情页不仅能向消费者展示商品的规格、颜色、细节、材质等具体信息，还能向消费者展示商品的优点。常见的商品详情页主要由焦点图、卖点图、商品信息展示图和细节图组成。

课堂讨论

针对下列问题展开讨论：

（1）商品详情页重要还是店铺首页重要？两者有什么区别？

（2）在对商品详情页进行设计时，需要注意哪些问题？该怎么解决这些问题？

一、任务目标

从某种程度上来说，商品详情页相当于虚拟销售员，主要通过图片、文字、视频等形式有逻辑地向消费者推荐商品。通过学习本任务，读者可以熟悉商品详情页的设计要点，掌握商品详情页的制作方法。

二、相关知识

(一)商品详情页的设计内容

要想设计出高质量的商品详情页效果，需要先了解商品详情页的组成部分，然后针对每一个部分内容进行设计。商品详情页的内容不是固定的，设计师在实际制作商品详情页时可根据商品的具体情况、商家的要求和目标消费者的需求增加和减少商品详情页内容，如电器需要展示功能，家具需要展示其装饰场景等。

- **焦点图**。焦点图是商品详情页的第一屏。好的焦点图不但能展现商品，还能提升消费者的好感，吸引他们继续浏览。
- **商品卖点图**。商品卖点图主要是将商品卖点展现给消费者。在设计时可突出商品自身的优势，同时配合广告文案，使消费者充分了解商品。
- **商品信息展示图**。某些商品对规格尺寸的要求比较严格，如一些机器配件、鞋子等。消费者若通过商品图片并不能准确把握商品的大小，此时加入商品信息展示图就能很好地解决此问题。
- **商品细节图**。商品细节图是消费者深入了解商品的主要途径，在制作商品详情页时，要把商品的优势细节展示出来，能有效促进订单的生成。
- **功能展示图**。若消费者购买商品重视的是其功能，那么在进行商品详情页设计时需要添加功能展示图，将商品的各个功能进行详细的解析。
- **搭配展示图**。很多消费者在购买单品时不懂得如何搭配，此时，搭配展示图可以为其提供专业的搭配意见。此外，搭配展示图还可以让消费者一次性购买更多的商品，提高店铺销售业绩、客单价。
- **包装展示图**。精美的包装是体现商品服务质量的重要部分，是店铺营销实力的体现。对包装进行展示能够带给消费者安心的购物体验。
- **促销活动图**。促销活动可以获得更多流量和订单，最终获得更大的利益。在商品详情页中进行商品促销信息的展示，能够在消费者的购物决策中起到"临门一脚"的作用。
- **关联营销图**。关联营销图主要用于推荐搭配的商品或类似的商品。推荐搭配的商品可以增加客单价，而推荐类似的商品可以在消费者不满意当前商品时给出更多的选择，尽可能地留住消费者，提高店铺的流量转化率。
- **证书保证图**。提到网购，质量是很多消费者比较担心的问题，展示质检合格证书、晒好评及三包服务可以抵消消费者的顾虑。
- **商品快递与售后图**。商品快递与售后图可以减少消费者在购买时产生的不必要的误会，减少很多售后问题。

素养课堂

　　为了规范化管理网店和商品，给消费者带来良好的浏览体验，许多电子商务平台都对商品详情页中的内容制定了一系列规范。例如，淘宝网规定商品描述中对商品的性能、功能、产地、用途、质量、成分、价格、生产者、有效期限、承诺等应当准确、清楚地表示；法律法规或行业规范中要求明示的内容，应当显著、清晰地表示出来，如食品、化妆品类的临保商品应明确质保期或过期时间等。在制作商品详情页时，应严格遵循这些规范，养成良好的设计习惯。

（二）商品详情页视觉设计要点

　　为了使商品详情页发挥更大的营销效果，设计时需要迎合消费者喜好，拉近与消费者的距离，让消费者在商品详情页中找到符合自己的需求点。而想要获取消费者的好感，商品详情页所展现出来的情感、故事、细节等都可以发挥巨大的作用。

1. 设计美观

　　爱美之心，人皆有之。一张漂亮的商品图片会让消费者产生好感，引发消费者的兴趣，而商品详情页中的焦点图就担负着这项重任。焦点图是商品详情页的第一屏，主要用于展现商品的亮点或是促销信息，在设计焦点图时可通过人群定调法和卖点展现法进行制作。

- **人群定调法**。人群定调法是指根据主流消费者的性格特征，结合商品的外观、颜色、功能等特点进行联想，找到一系列合适的词语，以此作为焦点图的设计思路。图5-15所示为一款针对结婚消费者的旅行箱，绚丽的色彩，让人联想到结婚的喜庆，加上"结婚""蜜月""金婚"等文字，强调商品的卖点。

- **卖点展现法**。卖点展现法是指以展现卖点的方式设计商品焦点图，图5-16所示的旅行箱，主要卖点是"100千克的承重测试""拉杆承重测试"，通过一位100千克的人坐在旅行箱上及站在拉杆上的图片，让消费者直观地感受商品卖点。

图5-15　人群定调的旅行箱

图5-16　卖点展现的旅行箱

2. 情感催化

制作商品详情页的主要目的是与消费者进行情感层面的沟通，因为当消费者看到商品主图和价格时，往往是处于理性状态的，使用情感引导消费者进入感性状态，使其感同身受，可激起消费者的购买欲望。

- **直击内心的卖点图**。在商品详情页视觉设计中，文案简明扼要地说明商品卖点，同时配以精美的图片，能够让消费者切身体会到商品的卖点。图5-17所示的这款旅行箱将外观作为卖点，在商品详情页中全面展示了商品的5种颜色，方便消费者快速了解该商品"多色"的特点，同时文案"去旅行/趁年轻"，进一步对卖点进行渲染，直击消费者内心。基于该商品的定位，将商品的信息放在下方进行说明，侧面体现了商品的作用和价值。

- **身临其境的场景图**。商品的场景图分为两种情况。一种是直接拍摄的场景图，通过精美的布景或实景照片展现商品，使消费者联想到商品真实使用时的情境；另一种情况是在没有拍摄场景照片的情况下，由设计师打造出商品场景图。前者主要通过拍摄进行表达，后者则需要通过设计来进行表达。图5-18所示的商品通过不同场景展示引发消费者联想，使其产生场景代入感。这种画面更具设计感，同时也更方便设计师执行。

图5-17 直击内心的卖点

图5-18 身临其境的场景

3. 引起共鸣的品牌故事

在很多商品详情页中，针对品牌设计都较少。品牌对店铺具有重大意义，因此任何有助于提升品牌形象、加深品牌记忆的事情，都十分重要。通常在商品详情页中使用品牌故事来引起共鸣。品牌故事不只是一个简单的故事，更是一种理念，通过简明扼要的一个词、一句话、一张图甚至一个形象引起消费者共鸣。图 5-19 所示为 3 个不同的品牌故事，这些故事都通过极具代表性和高辨识度的品牌符号宣传品牌，搭配恰当的文案，让消费者感受到品牌定位，唤起目标消费者内心对品牌的印象和共鸣。

图 5-19　不同的品牌故事

4. 细节征服

细节展示几乎是商品详情页中必不可少的部分，商品和服务的细节是影响消费者购买商品的重要因素，因此在商品详情页的设计上，商家要多揣摩消费者的心思，通过功能说明图、工艺细节图、服务说明图的细节让消费者更信赖商品。

• **功能说明图**。对于商品的功能介绍应形象化，拒绝如说明书般枯燥的功能介绍。图5-20所示的功能说明图采用图形+文字的形式进行说明，消费者只需要花费很少的时间就可以理解商品功能。

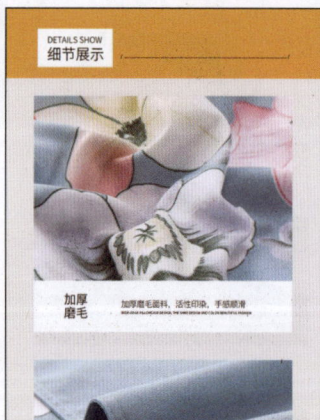

- **工艺细节图**。工艺细节主要是指商品的材质或工艺造型方面的细节，优秀的工艺细节图可以给消费者带来视觉上的强大冲击力和满足感。在设计时，工艺细节展示可以搭配精简的文案，也可以直接使用唯美的照片，让消费者直观感受商品，能起到"无声胜有声"的效果。图5-21所示为4件套的工艺细节图，该图通过细节工艺的展示做到了主次有序。在描述工艺细节时，要尽量保证所描述的细节部分处于画面的中心。不要在一个画面中描述多个细节，这样会导致细节不突出，缺少质感，同时页面也会显得很凌乱。

- **服务说明图**。服务一般包含包装服务、运输服务和售后服务，运输服务涉及包装和物流公司，对于一些易碎品，消费者会更加关注包装是否安全。在商品详情页中加入商品快递包装的图片或说明，可以在一定程度上消除消费者的顾虑。在售后服务方面，退换货承诺、时效承诺、延保服务、安装服务等都是消费者关心的问题，如果商家提供了这些方面的服务，也要在商品详情页中展示出来，如图5-22所示。

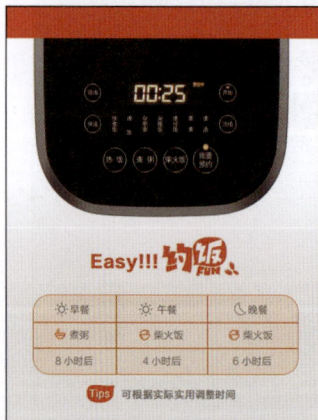

图 5-20　功能说明图　　　　图 5-21　工艺细节图　　　　图 5-22　服务说明图

（三）焦点图视觉设计

商品详情页的焦点图一般位于商品详情页的顶端，是为销售该款商品而设计的视觉展现海报，由商品、主题与卖点3部分组成，目的在于吸引消费者购买该商品。下面以洗衣机为例，制作商品详情页中的焦点图，在制作时，要求将商品外观、名称和关键卖点展现出来，具体操作如下。

步骤01 ▷新建大小为"750像素×6650像素"，分辨率为"72像素/英寸"，名称为"洗衣机商品详情页"的文件。

微课视频

焦点图视觉设计

步骤 02 ▶ 制作焦点图。置入"蓝色背景.jpg""洗衣机正面.jpg"素材文件（配套资源\素材文件\项目五\蓝色背景.jpg、洗衣机正面.jpg）到图像编辑区顶部，效果如图5-23所示。

步骤 03 ▶ 选择"洗衣机正面"图层，使用"钢笔工具" ⌀.沿着洗衣机轮廓创建锚点，绘制洗衣机路径，如图5-24所示。

步骤 04 ▶ 按【Ctrl+Enter】组合键将路径转化为选区，按【Shift+Ctrl+I】组合键反向选择，然后在"图层"面板底部单击"添加图层蒙版"按钮 ▣，将洗衣机抠取出来。

步骤 05 ▶ 在"洗衣机正面"图层下方新建图层，使用"画笔工具" ✐.在洗衣机底部绘制灰色投影，效果如图5-25所示。

步骤 06 ▶ 使用"横排文字工具" T.在洗衣机上方输入"健康活氧洗衣机"标题文字，双击该图层右侧的空白区域，打开"图层样式"对话框，单击选中"内阴影"复选框，设置内阴影颜色为"#f6fbff"，其他参数如图5-26所示。

图 5-23　置入素材　　图 5-24　绘制路径　　图 5-25　绘制投影　　图 5-26　设置内阴影

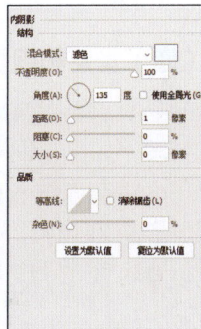

步骤 07 ▶ 单击选中"渐变叠加"复选框，设置渐变颜色为"#5db7fb～#0b76da～#3dabfd～#0372d5～#4cb2ff～#0377df"，其他参数如图5-27所示；单击选中"投影"复选框，设置参数如图5-28所示；单击选中"投影"复选框右侧的 ⊞ 按钮，设置参数如图5-29所示。

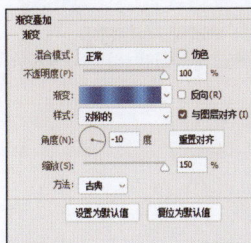

图 5-27　设置渐变叠加　　　　图 5-28　设置投影　　　　图 5-29　增加投影

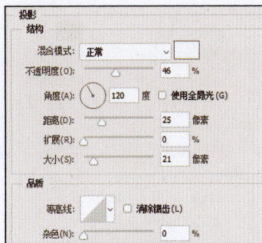

步骤 08 ▶ 单击 确定 按钮，效果如图5-30所示。选择"矩形工具" ▢.，在工具属性栏中设置填充为"#0464b8～#5ab5fd"，描边为"无颜色"，圆角半径为"25

像素"，在标题上方绘制一个圆角矩形，如图5-31所示。

步骤09▷ 使用"横排文字工具"**T**.输入图5-32所示的文字，设置合适的文字格式。

步骤10▷ 置入"勾.png"素材文件（配套资源:\素材文件\项目五\勾.png），将其移至"智慧机洗不伤衣物"文字左侧，最终效果如图5-33所示。

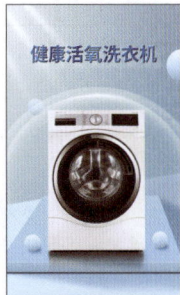

图5-30　效果图　　　图5-31　绘制圆角矩形　　　图5-32　输入文字　　　图5-33　最终效果

（四）卖点图视觉设计

商品卖点是指商品具备的独特的特色、特点，可以是商品本身的特质，如工艺细节、功能，也可以是营销策划出来的其他卖点。下面将制作洗衣机的卖点图，要求要体现商品的功能特点，可通过形象的图标和简约的图文组合形式来展现，具体操作如下。

微课视频

卖点图视觉设计

步骤01▷ 选择"矩形工具"▢，在工具属性栏中设置填充为"#e0f2ff"，描边为"无颜色"，在焦点图下方绘制一个矩形作为背景。再在该矩形中绘制一个小矩形，在"属性"面板的"外观"栏中修改描边为"#ffffff"，描边宽度为"1像素"，圆角半径为"5像素"。

步骤02▷ 双击该圆角矩形图层右侧的空白区域，打开"图层样式"对话框，单击选中"投影"复选框，设置参数如图5-34所示；单击选中"外发光"复选框，设置参数如图5-35所示，单击 确定 按钮，效果如图5-36所示。

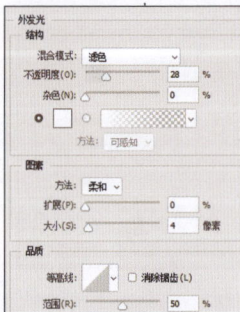

图5-34　设置投影　　　图5-35　设置外发光　　　图5-36　图形效果

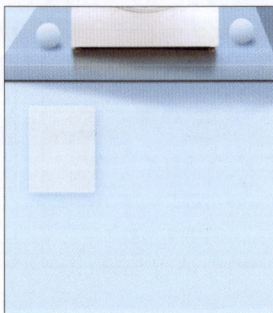

步骤03▷ 置入"图标1.png"素材文件（配套资源:\素材文件\项目五\图标1.png），

然后使用"横排文字工具"⊤,输入图5-37所示的文字。

步骤04 ▶将圆角矩形、文字和图标创建为一个图层组,复制5个该图层组,调整位置,修改其中的文字和图标,效果如图5-38所示。

步骤05 ▶选择"矩形工具" □,在工具属性栏中设置填充为"#7fb9e2～#e0f2ff",描边为"无颜色",在卖点图标下方绘制一个渐变矩形作为背景。

步骤06 ▶在渐变背景左上方绘制一个小矩形,在"属性"面板的"外观"栏中修改填充为"#0060b5～#5cb7ff",圆角半径为"24像素";再在渐变背景底部绘制3个小矩形,修改圆角半径为"11像素",效果如图5-39所示。

图 5-37　输入文字　　　图 5-38　修改其他文字和图标　　　图 5-39　绘制矩形

步骤07 ▶选择"椭圆工具" ○,在工具属性栏中设置填充为"#ffffff",描边为"无颜色",在渐变背景中央绘制一个较大的正圆。双击该正圆图层右侧的空白区域,打开"图层样式"对话框,单击选中"内发光"复选框,设置参数如图5-40所示,单击 确定 按钮,在"图层"面板中设置该图层的填充为"0%"。

步骤08 ▶在正圆中绘制一个较小的正圆,修改其填充为"#a8cbe1～#e7eef4",渐变角度为"74"。双击正圆所在图层右侧的空白区域,打开"图层样式"对话框,单击选中"内阴影"复选框,设置内阴影颜色为"#4f8eb8",其他参数如图5-41所示,单击 确定 按钮,效果如图5-42所示。

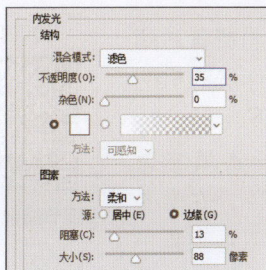

图 5-40　设置内发光　　　图 5-41　设置内阴影　　　图 5-42　正圆效果

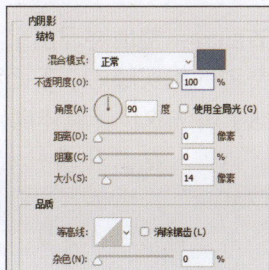

步骤09 ▶置入"滚筒.jpg"素材文件（配套资源:\素材文件\项目五\滚筒.jpg），将其移到小正圆上，调整其大小和位置使圆弧轮廓与正圆贴合，然后按【Alt+Ctrl+G】组合键创建剪贴蒙版，效果如图5-43所示。

步骤10 ▶置入"除菌效果.jpg"素材文件（配套资源:\素材文件\项目五\除菌效果.jpg），将其移到滚筒内，使用"椭圆选框工具"〇绘制一个与滚筒内部相同位置、大小的圆，单击"添加图层蒙版"按钮 ▣。

步骤11 ▶置入"气泡.png"素材文件（配套资源:\素材文件\项目五\气泡.png），复制多个该素材到正圆上，调整大小和位置。

步骤12 ▶使用"横排文字工具" T.输入图5-44所示的文字，设置合适的文字格式。

步骤13 ▶置入"洗衣场景.jpg"素材文件（配套资源:\素材文件\项目五\洗衣场景.jpg），将其移至渐变背景下方。

步骤14 ▶使用"矩形工具" ▢.在右侧绘制一个长条的黑色矩形，在下方绘制一个渐变圆角矩形，设置填充为"#0060b5～#5cb7ff"，效果如图5-45所示。

步骤15 ▶复制7个渐变圆角矩形，整齐排列在其下方和左侧，然后使用"横排文字工具" T.输入图5-46所示的文字，设置合适的文字格式，完成卖点图视觉设计。

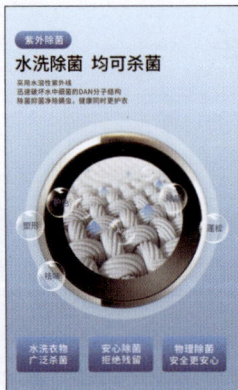

图5-43　绘制滚筒　　图5-44　输入文字　　图5-45　绘制图形　　图5-46　输入文字

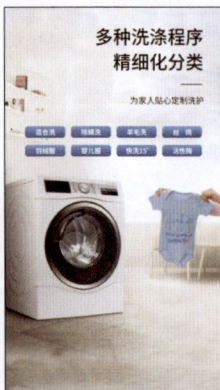

（五）细节图视觉设计

细节图可将商品的细节部分完整地展现出来，使消费者对商品有基本的认识，打消消费者的购买顾虑。下面将制作洗衣机的细节图，让消费者更详细地了解洗衣机，具体操作如下。

步骤01 ▶选择"矩形工具" ▢，在工具属性栏中设置填充为"#56a5db～#bdd8ec～#f3efec"，描边为"无颜色"，在卖点图中的洗衣机下方绘制一个渐变矩形作为背景，在该图层上单击鼠标右键，在弹出的快捷菜单中选择"栅格化图层"命令。

微课视频
细节图视觉设计

步骤02 ▶选择"橡皮擦工具" ✐，在工具属性栏中设置画笔样式为"柔边圆"，大小为"300像素"，适当擦除渐变矩形顶部像素，使其与上方卖点图中的地面过渡更加自然。

步骤03 ▶使用"矩形工具" ▢.在左侧绘制一个长条的黑色矩形，使用"横排文字工具" T.输入图5-47所示的文字，设置合适的文字格式。

步骤04 ▶选择"矩形工具" ▢，在工具属性栏中设置填充为"#ffffff"，描边为"无颜色"，圆角半径为"20像素"，在文字下方绘制一个圆角矩形。复制并向右缩小该圆角矩形，修改其填充为"#b6bbbf"，效果如图5-48所示。

步骤05 ▶置入"LED大屏.jpg"素材文件（配套资源:\素材文件\项目五\LED大屏.jpg），将其移至灰色圆角矩形上，按【Ctrl+Alt+G】组合键创建剪贴蒙版。

步骤06 ▶使用"横排文字工具" T.输入图5-49所示的文字，设置合适的文字格式。

步骤07 ▶将第一个细节展示涉及的图层创建为图层组，复制两个该图层组，修改位置和其中的图文内容，最终效果如图5-50所示。

图5-47 输入文字   图5-48 绘制圆角矩形   图5-49 输入文字   图5-50 最终效果

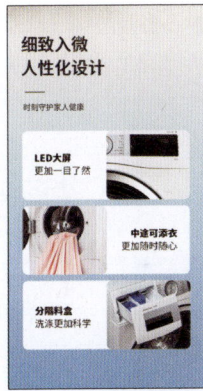

（六）商品信息展示图视觉设计

商品信息展示图不但能展现商品的材质和具体的信息，还能展现商品尺寸信息，让消费者对商品尺寸一目了然。下面将制作洗衣机商品信息展示图，让消费者对洗衣机的具体参数一目了然，具体操作如下。

步骤01 ▶选择"矩形工具" ▢，在工具属性栏中设置填充为"#f0f9ff～#7fb9e2"，描边为"无颜色"，在细节图下方绘制一个渐变矩形作为背景。

步骤02 ▶使用"横排文字工具" T.输入"商品参数""Product Parameters"标题文字，设置合适的文字格式，效果如图5-51所示。

步骤03 ▶选择"矩形工具" ▢，在工具属性栏中设置填充为"#ffffff"，描边

微课视频

商品信息展示图
视觉设计

为"无颜色"，在下方绘制4个横向的细长矩形和1个纵向的细长矩形，形成表格形式。

步骤04▷使用"横排文字工具" T.输入图5-52所示的参数，设置合适的文字格式。

图 5-51　输入标题　　　　图 5-52　输入参数

步骤05▷置入"洗衣机透视图.jpg"素材文件（配套资源:\素材文件\项目五\洗衣机透视图.jpg），使用"钢笔工具" ⌀.和图层蒙版将洗衣机抠取出来。双击该图层右侧的空白区域，打开"图层样式"对话框，单击选中"投影"复选框，设置参数如图5-53所示。

步骤06▷单击 确定 按钮，效果如图5-54所示。选择"钢笔工具" ⌀.，在工具属性栏中设置填充为"无颜色"，描边为"#5995c9"，描边宽度为"2像素"，在洗衣机左侧、左下方和下方分别绘制标注线，用以标注尺寸。

图 5-53　设置投影

步骤07▷使用"横排文字工具" T.输入尺寸数值和说明文字，设置合适的文字格式，效果如图5-55所示。

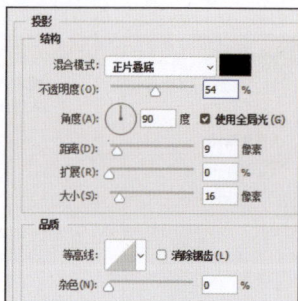

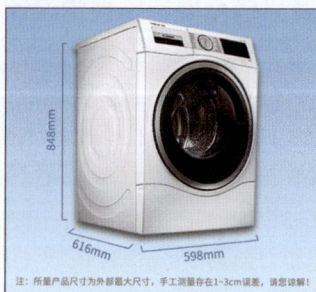

图 5-54　洗衣机效果　　　　图 5-55　输入尺寸数值和说明文字

步骤08▷按【Ctrl+S】组合键保存文件（配套资源:\效果文件\项目五\洗衣机详情页.psd），最终效果如图5-56所示。

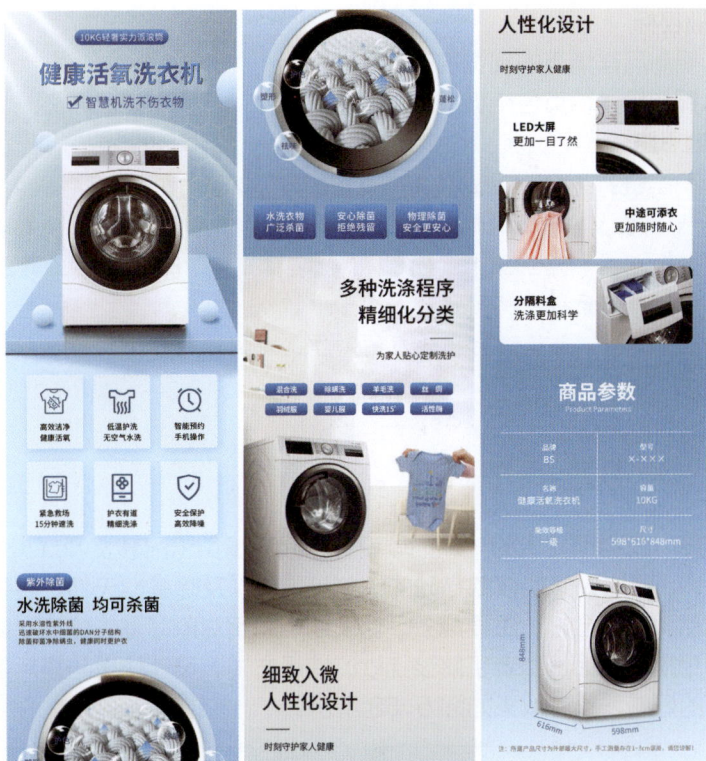

图 5-56 最终效果

三、任务实训——制作棉袜商品详情页

1. 实训要求

结合本任务所学知识，要求根据提供的素材（配套资源:\素材文件\项目五\棉袜商品详情页\）制作棉袜商品详情页。要求该页面中要包括焦点图、卖点图、细节图、页尾4个部分，其效果要清楚地展示出棉袜天然、纯棉、抗菌、防臭、柔软、舒适、温暖、不易起球等特征，突出棉袜的卖点和亮点，达到最大化吸引消费者的目的，完成后的参考效果如图 5-57 所示（配套资源:\效果文件\项目五\棉袜商品详情页 .psd ）。

图 5-57 参考效果

127

2. 实训目标

（1）掌握商品详情页的视觉展现方法。

（2）掌握商品详情页各个板块的制作方法。

3. 实训思路

步骤01 ▷ 制作焦点图。添加素材，使用"矩形工具" ▭ 和"直线工具" ✏ 制作具有中国结样式的形状，并在其中输入深色的文字，强调产品的信息，达到吸引消费者的目的。

步骤02 ▷ 制作卖点图。添加素材，并使用"矩形工具" ▭ 和文字工具组制作卖点图，并通过创建剪切蒙版，将图片载入图形中。

步骤03 ▷ 制作细节图。继续进行描述页的制作，对棉袜的各个细节部分进行制作，并输入说明性文字。

步骤04 ▷ 制作页尾。

四、任务考核

为"友猫"宠物用品店的一款猫砂设计商品详情页（配套资源：\ 素材文件 \ 项目五 \ 宠物 \），要求先展现该款猫砂的精美包装，以及除臭、天然、超强吸水等卖点，再展示品牌、净含量、主要成分、保质期、适用对象等基本信息。此外，还可添加猫砂使用指南，让消费者了解该猫砂的使用方式，设计快递与售后图，增强消费者对网店的好感，参考效果如图 5-58 所示。

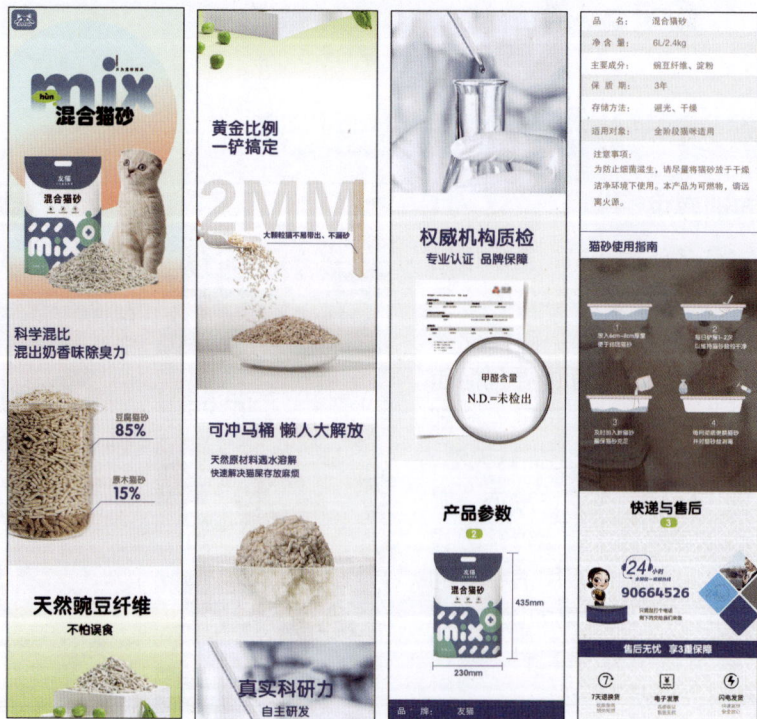

图 5-58 参考效果

任务三 推广图的视觉营销设计

好的推广图不但能吸引消费者关注，还能提高店铺的流量和商品的成交量，对商品的成交量有决定性作用。直通车和引力魔方是淘宝网为商家精准推广商品而量身制订的推广方式，而制作具有视觉吸引力的直通车图和引力魔方图则是商品推广的关键。

课堂讨论

针对下列问题展开讨论：
（1）商家是怎么利用直通车图进行视觉营销的？
（2）在设计直通车图与引力魔方图时，其设计方法相同吗？
（3）怎么在直通车图与引力魔方图中表现商品的促销信息？

一、任务目标

本任务将先帮助读者了解直通车图与引力魔方图的基础知识与设计要点，再熟练掌握其制作方法，从而能够利用推广图提高商品的曝光率，有效增加店铺的流量，吸引更多消费者。

二、相关知识

（一）直通车图与引力魔方图视觉设计要点

直通车和引力魔方依靠图片创意吸引消费者点击、获取流量，其设计要点与商品主图、商品详情页不同。

1. 直通车图的设计要点

直通车图的视觉设计侧重于单个商品的信息传递或是销售诉求，制作时应遵循以下要点。

- **主题卖点简洁精确**。主题卖点要紧扣消费者诉求，并且要简洁明了、直接精确。为了让消费者易于接受，文字尽量控制在6个字以内。
- **构图合理**。直通车图的构图方式有很多种，包括中心构图、三角构图、斜角构图、黄金比例构图等，但总体上要符合消费者从左至右、从上至下、先中间后两边的浏览习惯，同时，图文搭配比例要恰当，颜色搭配要和谐。应用文字时，要求文字的排列方式、行距、颜色、样式等要整齐统一，并通过改变文字大小或者颜色来清晰地呈现信息的主次。
- **具有吸引力**。使用独特的展示角度、夸张直接的文案，让直通车图从众多图中脱颖而出，快速吸引消费者。

🎓 **拓展学习**

在制作直通车图前，可以先分析商品的核心关键词。通过关键词搜索或是类目搜索，找到需要展示的直通车位置，然后观察该区域附近的商品，分析出优劣情况，再进行制作。

---

2. 引力魔方图的设计要点

引力魔方图虽然尺寸多样，包括800像素×800像素、800像素×1200像素、513像素×750像素、750像素×1000像素，但设计的要点一致。

- **主体突出**。主体突出才能够吸引更多消费者点击，引力魔方图中需有商品效果，不得出现无实物主体、纯文字素材描述。商品主体应清晰、突出，装饰元素、文案及行动按钮不能遮挡商品主体的重要细节。
- **营销目标明确**。引力魔方图投放的营销目标很多，比如上新、引流，预热大型活动，以及品牌形象宣传等。因此在引力魔方图的设计制作中，首先需要明确营销目标，针对目标来设计与制作，这样才能保证设计制作出的引力魔方图效果符合营销目标。
- **形式美观**。形式美观的引力魔方图更能获取消费者好感，从而提高点击率。当选择好素材和规划好创意后，适当美化引力魔方图尤为重要。

（二）直通车图制作方法

直通车图的制作方法与主图的制作方法类似，下面将为"微风之翼"官方旗舰店制作风扇直通车图，要着重凸显风扇的风力强、多档调节等主要卖点，文案要精练，以提升吸引力，具体操作如下。

> 微课视频
>
> 直通车图的制作

步骤01▷新建大小为"800像素×800像素"，分辨率为"72像素/英寸"，名称为"风扇直通车"的文件，置入"风扇.jpg"素材文件（配套资源:\素材文件\项目五\风扇.jpg），调整大小和位置。

步骤02▷选择"矩形工具"▢，在工具属性栏中设置填充为"#4a8e60"，描边为"无颜色"，在直通车图底部绘制一个与画布等宽的矩形，再调整圆角半径，在左上角和左下角各绘制一个圆角矩形，如图5-59所示。

步骤03▷使用"横排文字工具"**T.**输入图5-60所示的文字，设置合适的文字格式。

步骤04▷置入"灭蚊灯.png"素材文件（配套资源:\素材文件\项目五\灭蚊灯.png），将其移至右下角。打开"吹风效果.psd"素材文件（配套资源:\素材文件\项目五\吹风效果.psd），将其中的内容拖到风扇左侧，并将该图层移至风扇所在图层上方，效果如图5-61所示。

图 5-59　绘制图形　　　　　图 5-60　输入文字　　　　　图 5-61　添加素材

步骤 05 ▷ 打开"卖点图标.psd"素材文件（配套资源:\素材文件\项目五\卖点图标.psd），将其中的卖点图标移至风扇卖点文字左侧。

步骤 06 ▷ 将左下角价格文字及其背景图形创建为一个图层组，选择该图层组，选择【图层】/【图层样式】/【投影】命令，打开"图层样式"对话框，设置参数如图5-62所示，单击 确定 按钮，最终效果如图5-63所示（配套资源:\效果文件\项目五\风扇直通车.psd）。

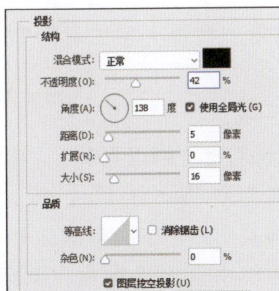

图 5-62　设置投影　　　　　图 5-63　最终效果

（三）引力魔方图制作方法

微课视频

引力魔方图的制作

下面将制作一个粮油店铺的引力魔方图，要求尺寸为 800 像素 ×1200 像素，采用左右构图方式，左侧为文字说明，右侧为商品展现，整个效果采用黄色为主色调，具体操作如下。

步骤 01 ▷ 新建大小为"800像素×1200像素"，分辨率为"72像素/英寸"，名称为"粮油引力魔方图"的文件。

步骤 02 ▷ 置入"金色田野.jpg"素材文件（配套资源:\素材文件\项目五\金色田野.jpg），打开"粮油商品.psd"素材文件（配套资源:\素材文件\项目五\粮油商品.psd），将其中的商品拖动到背景右侧的菜篮子图像上，适当调整商品大小、位置和角度，效果如图5-64所示。

步骤 03 ▷ 将所有商品创建为图层组，选择该图层组，单击"添加图层蒙版"按钮 ▢，然后隐藏该图层组，选择"钢笔工具" ✍，在工具属性栏中设置工具模式为"路

径"，沿着菜篮子开口边缘绘制路径，如图5-65所示。

步骤04 ▶ 按【Ctrl+Enter】组合键将路径转化为选区，按【Shift+Ctrl+I】组合键反选，显示图层组，选中图层蒙版缩览图，按【Delete】键删除选区内容，效果如图5-66所示。

图 5-64　添加素材　　　　图 5-65　绘制路径　　　　图 5-66　图层蒙版效果

步骤05 ▶ 按【Ctrl+D】组合键取消选区，使用"横排文字工具"**T.**在左侧分别输入"入冬囤货""粮油大促销"标题文字。

步骤06 ▶ 双击任意一个文字图层右侧的空白区域，打开"图层样式"对话框，在左侧单击选中"描边"复选框，在右侧设置描边颜色为"#fd6709"，其他参数如图5-67所示；单击选中"投影"复选框，设置投影颜色为"#ffffff"，其他参数如图5-68所示，单击 确定 按钮。复制、粘贴该图层样式到另一个文字图层上。

步骤07 ▶ 选择"矩形工具"□，在工具属性栏中设置填充为"#ffffff"，描边为"#fd6709"，描边宽度为"5像素"，圆角半径为"30像素"，在标题下方绘制一个圆角矩形，在"图层"面板中设置该图层填充为"47%"。再在该圆角矩形左侧绘制一个更短的圆角矩形，修改其填充为"#fd6709"，描边为"无颜色"，效果如图5-69所示。

步骤08 ▶ 使用"横排文字工具"**T.**在圆角矩形中分别输入"粮油米面""8折优惠"文字，最终效果如图5-70所示（配套资源:\效果文件\项目五\粮油引力魔方图.psd）。

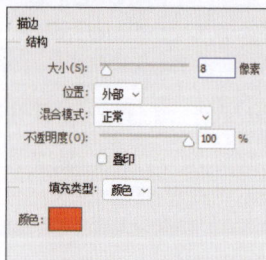

图 5-67　设置描边　　　　图 5-68　设置投影　　　　图 5-69　绘制圆角矩形　　　　图 5-70　最终效果

三、任务实训

实训一：制作儿童水杯直通车图

1. 实训要求

根据提供的素材（配套资源:\素材文件\项目五\儿童水杯直通车\）制作儿童水杯直通车图。以儿童春季出游为主题，采用儿童画的形式，将春天的场景展现出来，再加上儿童水杯商品图片和促销性的文字，让直通车图更加吸引消费者，完成后的参考效果如图 5-71 所示（配套资源:\效果文件\项目五\儿童水杯直通车图 .psd）。

图 5-71　参考效果

2. 实训目标

（1）掌握直通车图的设计要点。

（2）掌握直通车图的制作方法。

3. 实训思路

步骤 01 ▶ 打开"儿童水杯背景 .jpg"素材文件，输入"春天出游行"文字，为文字添加描边、投影等图层样式，使文字更加立体、美观。

步骤 02 ▶ 选择"钢笔工具" ✎，在文字的右下侧绘制形状，然后在形状的上方输入"低至5.8折优惠"文字。

步骤 03 ▶ 打开"儿童水杯 .psd"素材文件，将其拖到图片中并调整大小和位置。使用"钢笔工具" ✎，在水杯的下方绘制波浪形状，然后在形状的上方输入文字。

步骤 04 ▶ 使用"椭圆工具" ◯ 绘制正圆，使用"矩形工具" ▢ 绘制矩形，输入价格文字。

实训二：制作护肤品引力魔方图

1. 实训要求

根据提供的素材（配套资源:\素材文件\项目五\护肤品素材 .psd）制作 1200 像素 ×800 像素的护肤品引力魔方图。要求以"新年护肤"为主题，主色为红色，以突出的文字和护肤品图片吸引消费者浏览，完成后的参考效果如图 5-72 所示（配套资源:\效果文件\项目五\护肤品引力魔方图 .psd）。

2. 实训目标

（1）掌握引力魔方图的设计要点。

（2）掌握引力魔方图的制作方法。

图 5-72　护肤品引力魔方图参考效果

3. 实训思路

步骤01 ▶新建文件，填充红色背景。使用"钢笔工具" ✐绘制不同的红色几何形状，再添加"投影"图层样式，制作出有层次感和设计感的背景。

步骤02 ▶打开"护肤品素材.psd"素材文件，将其中的素材拖到图像中，调整大小和位置。

步骤03 ▶使用"矩形工具" ▢在标题下方绘制文字的圆角矩形。

步骤04 ▶使用"横排文字工具" T.输入文字，为部分文字添加"投影"图层样式。

四、任务考核

为"特屿森旗舰店"家具制作一张竖版引力魔方图（配套资源:\素材文件\项目五\双人沙发.png、草坪.jpg），在制作时以商品图片为主，文案要能概述品牌理念、吸引消费者点击，整体风格典雅，参考效果如图 5-73 所示。

图 5-73　家具引力魔方图参考效果

拓展延伸

（一）如何抓住商品详情页设计的重点

在设计商品详情页时，商家往往会通过各种方式来刺激消费者的购买欲望，如宣传品牌、品质，提高商品性价比等。不同的商品，在商品详情页中需要呈现的重点是不同的。下面将根据店铺中商品运营情况的不同，将店铺中的商品划分为新品、热卖单品、促销商品、常规商品，并对这 4 种不同商品的详情页设计重点进行阐述。

- **新品商品详情页设计重点**。首先，在传达设计理念的同时强调品牌、款式与品质，将新品介绍给消费者；其次，将商品的某一特点进行极致化体现，以突出商品的差异化优势；最后，可以通过打折、满减等营销方式积累一定的基础销量。

- **热卖单品商品详情页设计重点**。这类商品具有良好的销量，应先在商品详情页中突出展示商品热销盛况、好评，提示消费者该商品已被大众认同，从而打消消费者的顾虑；然后通过展示商品优势来佐证其热销的原因，让消费者相信选择该款商品是正确的，进一步赢得消费者的信任。

- **促销商品详情页设计重点**。在设计这类商品的商品详情页时，首先需要有吸引力，让消费者关注并对促销商品产生兴趣，再通过高性价比的优势与功能的介绍吸引消费者购买。

- **常规商品详情页设计重点**。在设计这类商品的商品详情页时，首先需要给出足够的购买理由，通常是展示其优势、功能、性价比，或通过营销活动让消费者产生购买兴趣。

（二）怎么确定浏览的消费者属于潜在消费者

掌握商品详情页的设计原则，能让设计效果变得更加符合消费者的浏览需求。而对消费者进行分析，能让营销定位更加准确。进入商品详情页的消费者主要分为3类，即随便看看、潜在需求和感兴趣并有需求。

- **随便看看**。随便看看的消费者往往没有明确的购买目的和购买欲望。有些店铺为了获得更多的流量，会使用一些另类的图片吸引消费者点击，而吸引到的消费者，往往属于随便看看这一类型，他们点击查看只是为了满足好奇心，一般不会产生购买欲望。
- **潜在需求**。有些消费者在浏览时并没有购买目的，看到一款比较喜欢的商品就进入商品详情页看看，这类消费者的随意性很大，但是，能点击进入商品详情页进行查看，说明消费者对该商品还是有一定潜在需求的。因此，只要商品详情页能引起消费者的兴趣，就有可能将潜在需求变为购买需求。
- **感兴趣并有需求**。通过搜索对比进入商品详情页的消费者是对商品感兴趣并有需求的。此时，商品详情页的设计要从消费者的需求和兴趣出发，要能够迎合消费者的需求，从而促使其购买。

实战与提升

（1）利用搜集的素材（配套资源 :\ 素材文件 \ 项目五 \4 件套详情页 \）制作 4 件套商品详情页，在制作时要体现出 4 件套的细节，其效果要给人一种温馨的感觉（配套资源 :\ 效果文件 \ 项目五 \4 件套详情页 .psd）。

（2）制作一个以"促销活动"为主题的音箱直通车图（配套资源 :\ 素材文件 \ 项目五 \ 音箱直通车 \），注重对促销信息的描述，体现促销活动的主题、时间等信息（配套资源 :\ 效果文件 \ 项目五 \ 音箱直通车 .psd）。

PART 06

项目六
移动端店铺的视觉营销设计

随着移动互联网的快速发展，移动购物逐渐成为人们网上购物的主要方式。消费者更愿意通过手机、平板电脑等移动设备访问电子商务平台，进行网上购物。因此，移动端店铺的视觉营销设计成为网上店铺视觉营销的重点。由于移动端的店铺的设计要点与PC端存在一些差异，因此，需要根据移动端店铺的特点进行视觉设计。

【知识目标】
• 熟悉移动端店铺的视觉设计要点。
• 能够制作移动端店铺首页与商品详情页。

【素养目标】
• 加强对移动市场发展趋势的了解，培养对各类店铺设计的敏感度。
• 拓宽电子商务视觉营销视野，提高店铺页面设计能力。

学习导图

案例导入

电子商务是与时俱进、不断发展的，随着手机的普及，移动端购物成为消费者网上购物的常见方式，设计师也需要根据这种变化制作对应的视觉展现效果。图6-1所示为华为官方旗舰店PC端和移动端的首页对比效果，该店铺并没有直接将PC端的店铺首页转换为移动端首页，而是专门制作了移动端店铺首页，在保持店铺整体风格不变的基础上，对文字进行了删减，调整了每排商品的展现数量，使文字大小适宜，商品展现完整、卖点突出，整体搭配更加和谐。除了对PC端首页的布局进行了调整，移动端店铺首页顶部还增加了不同的模块（如直播回放模块），更适应移动端消费者的购物场景。

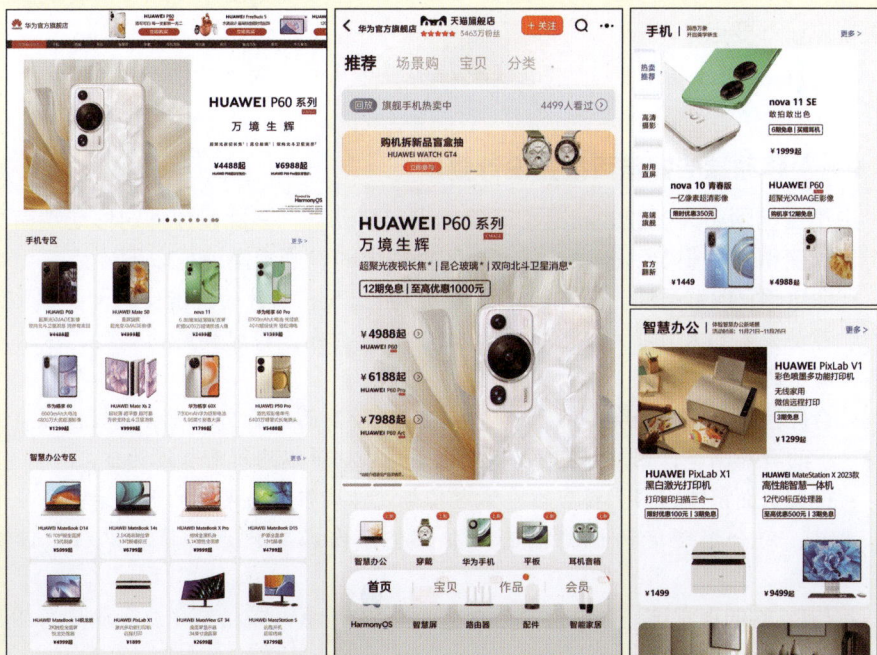

图 6-1　华为官方旗舰店 PC 端和移动端的首页对比效果

任务一　移动端店铺的视觉设计要点

随着移动设备的普及和移动信息技术的发展，移动端逐渐取代 PC 端成为网上购物的主流。此时，如何在移动端体现店铺的视觉效果，成为移动端店铺视觉设计的重点。

针对下列问题展开讨论：

（1）浏览 PC 端店铺与移动端店铺的感受有什么不同？

（2）移动端店铺的视觉设计更注重什么？

一、任务目标

移动端店铺成交量的好坏和移动端店铺首页、商品详情页的好坏有直接的关系，因此设计师在设计首页和商品详情页时，常通过富有视觉冲击力的设计来吸引消费者的注意力。本任务将帮助读者掌握移动端店铺首页视觉设计要点和移动端商品详情页视觉设计要点。

二、相关知识

（一）移动端店铺首页视觉设计要点

由于目前网店大多数的流量和订单都来自移动端，因此设计师对移动端首页的视觉设计变得尤为重要。在设计移动端店铺首页时，通常需注意以下 4 点。

- **注重感官的舒适性**。从消费者的购物习惯出发，图片的清晰度和大小都要适应移动设备的尺寸，以大图为主、表述清晰明确；搭配合适的颜色，给消费者舒适的体验。
- **合理控制页面的长度**。由于移动设备显示的页面狭长，消费者一般按照自上而下的顺序浏览，因此信息不必过多，一般以6屏以内页面长度为宜。
- **把握页面整体内容**。网店的整体内容与设计风格要与网店的消费者的特点相匹配，符合消费者的视觉审美。页面整体内容要便于消费者识别、读取和点击。
- **与PC端的视觉统一**。移动端的内容要与PC端的内容相互呼应，以提高品牌的关联性。

（二）移动端商品详情页视觉设计要点

商品详情页决定了店铺流量和商品转化率，由于越来越多的消费者选择使用移动设备购物，因此移动端的商品详情页也变得越来越重要。与 PC 端的商品详情页相比，移动端的商品详情页具有以下 4 个特征。

- **一屏一主题**。移动端以竖屏浏览模式为主，因此在商品详情页设计上，每个板块的图片也应是竖版的，这样才能更高效地传达商品信息，给消费者更加舒适的视觉感官体验。在PC端为购物主导的年代，商品详情页要求一图一主题；而当移动端为购物主导时，其商品详情页中一图基本等于一屏，即一屏一主题,如图6-2所示。若无法保证一屏一主题,也应该尽量保证每一幅画面的高度不小于屏幕高度的3/4,这样可以集中消费者注意力。

- **商品更突出**。移动设备的屏幕尺寸较小,因此在设计时要更加突出商品,将商品效果完整地展示给消费者。例如,图6-3将眼影实体完整地展现在消费者眼前,使商品更突出。

- **卖点展示更加精练**。移动端商品详情页的制作方式可以参照PC端的商品详情页,但是移动端更加注重在较短的时间内把消费者的购买欲望提升到最大,因此移动端商品详情页的商品卖点展示应该更加精练。

- **强化细节质感**。在进行商品细节设计时,应将商品局部放大,使商品展示更加直观。同时也应注意图片的精准度,要选择清晰、高质量的图片来进行细节展示。若商品图片的质量不佳,可重新拍摄商品的局部细节,以提升图片的表现力,让消费者更直观地感受到商品的品质。例如,图6-4通过局部细节体现商品工艺,强化细节质感。

图6-2 一屏一主题　　　图6-3 商品更突出　　　图6-4 强化细节质感

三、任务实训——分析沙发移动端商品详情页的视觉设计要点

1. 实训要求

结合本任务所学知识,观察图6-5所示的沙发移动端商品详情页,分析该移动端商品详情页每一屏的视觉设计要点。

2. 实训目标

掌握移动端商品详情页的设计要点。

3. 实训思路

步骤01 第1张图主要对客厅沙发的场景设计理念的由来进行展现。第一屏中通过沙发效果,搭配"水滴云感沙发"文字,在强调商品名称和设计理念的同时,营造

出了温馨、田园的氛围。再在下方通过水滴形状和较大的文案，对设计理念进行说明。

步骤02 ▶ 第2张图主要展现沙发材质和内里填充物，突出沙发的舒适、弹软，加深沙发在消费者眼中实用性强的印象。

步骤03 ▶ 第3张图主要对沙发细节部分进行展现，包括扶手细节、底座细节、沙发脚细节等，增加消费者的信赖感。

步骤04 ▶ 第4张图主要对沙发的尺寸进行展现，包括产品参数、具体尺寸等，增加消费者对沙发尺寸的了解。

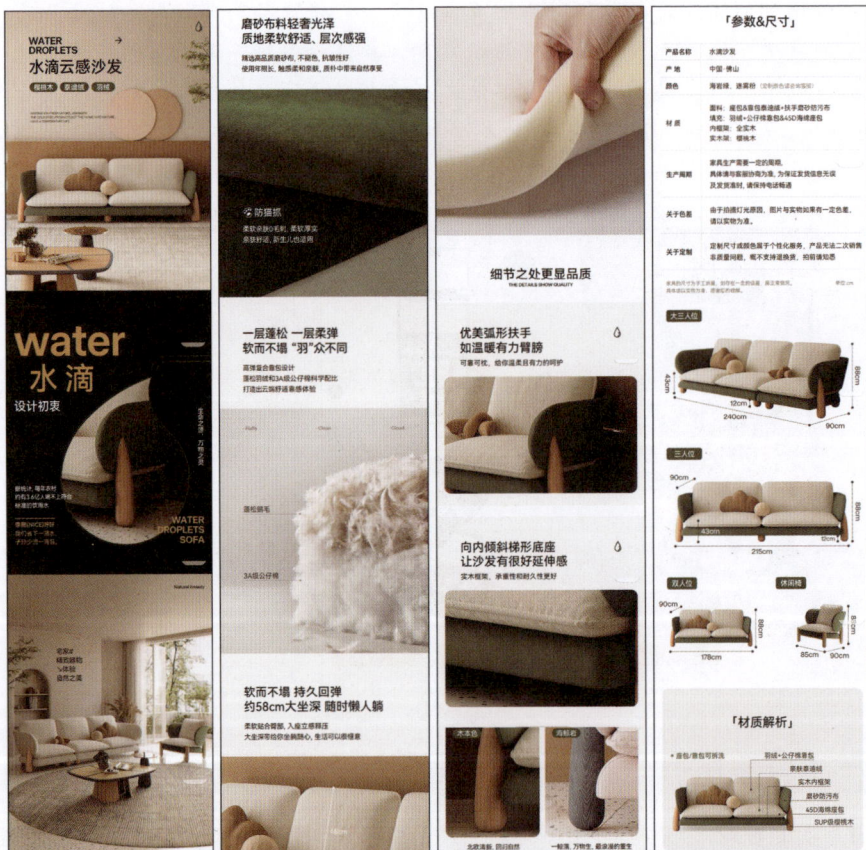

图 6-5　沙发移动端商品详情页

四、任务考核

观察图 6-6 所示的家居移动端店铺首页，分析本任务中的移动端店铺首页的视觉设计要点。

图 6-6　家居移动端店铺首页

任务二　移动端店铺首页与商品详情页的制作

移动端店铺首页和商品详情页是基于移动设备的显示特点进行构建和设计的，与 PC 端店铺首页和商品详情页的设计方法差异巨大。那么，如何才能设计出一个具有视觉吸引力的移动端店铺呢？下面将通过案例的形式来介绍移动端店铺首页和商品详情页的制作方法。

课堂讨论

针对下列问题展开讨论：

（1）设计移动端店铺首页时，其效果是否需要与 PC 端完全统一？

（2）怎么在移动端商品详情页中展现商品？

一、任务目标

移动端店铺首页是店铺的门面，而移动端商品详情页则是决定商品成交的重点。

本任务先帮助读者掌握移动端店铺首页的制作方法，再熟悉移动端商品详情页的设计方法。

二、相关知识

（一）移动端店铺首页的制作

移动端店铺首页与PC端店铺首页的板块类似，主要由店招、海报、优惠券、商品展示区等组成。其中店招由于是固定模块，只需要更换背景，这里不再赘述。下面以茶叶店铺为例，针对各个板块进行制作，具体操作如下。

> 微课视频
>
> 移动端店铺首页的制作

步骤01 新建大小为"1200像素×7300像素"，分辨率为"72像素/英寸"，名称为"移动端茶叶店铺首页"的文件。

步骤02 制作海报。设置前景色为"#effbec"，按【Alt+Delete】组合键填充前景色。

拓展学习

移动端店铺首页的海报有轮播海报和单图海报两种。轮播海报的宽度为1200像素，高度为600像素～2000像素，一般用于宣传店铺活动、宣传商品、宣传店铺形象等，移动端店铺首页最多可以添加4张轮播海报。单图海报的宽度为1200像素，高度为120像素～2000像素，一般用于展现单个商品、宣传店铺形象等。

步骤03 置入"茶叶背景.jpg"素材文件（配套资源:\素材文件\项目六\茶叶背景.jpg），新建图层，设置前景色为"#f5f6d2"，选择"画笔工具" ✐，设置画笔样式为"柔边圆"，大小为"550像素"，在顶部涂抹，遮盖一部分背景，效果如图6-7所示。

步骤04 打开"商品.psd"素材文件（配套资源:\素材文件\项目六\商品.psd），将其中的所有内容拖入海报中，调整大小和位置，效果如图6-8所示。

步骤05 选择"横排文字工具" T，输入图6-9所示的文字，设置合适的文字格式。

图6-7 制作背景　　　图6-8 添加商品　　　图6-9 输入文字

步骤06 双击"品"文字图层右侧的空白区域，打开"图层样式"对话框，在左侧选中"渐变叠加"复选框，在右侧设置渐变颜色为"#053414～#0b7e2e"，其他

参数如图6-10所示。

步骤 07 单击 确定 按钮，选择该图层，复制、粘贴该图层的图层样式到"茶""茗"文字图层上。

步骤 08 置入"印章.jpg"素材文件（配套资源:\素材文件\项目六\印章.jpg），设置该图层混合模式为"正片叠底"，将其移至"品"字下方。打开"茶叶图标.psd"素材文件（配套资源:\素材文件\项目六\茶叶图标.psd），将其中的图标移至"龙井茶社"右侧，海报效果如图6-11所示。

步骤 09 制作优惠券。选择"钢笔工具"，在工具属性栏中设置工具模式为"形状"，填充为"#83bc1f"，描边为"无颜色"，在海报左下方绘制一片茶叶。按【Ctrl+J】组合键复制茶叶图层，在"图层"面板中设置复制后图层的填充为"50%"，并在"属性"面板中设置羽化为"3.4像素"，使用"移动工具"，将其略微往右下方移动使其形成投影效果，如图6-12所示。

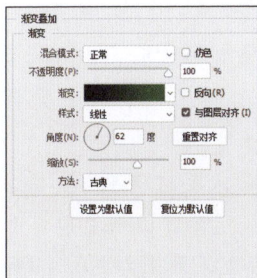

图 6-10　设置渐变叠加　　　　图 6-11　海报效果　　　　图 6-12　绘制茶叶

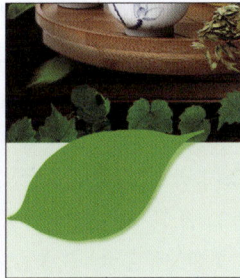

步骤 10 使用"矩形工具"在茶叶图形中绘制一个白色长方形，然后使用"横排文字工具"输入图6-13所示的文字。

步骤 11 将该优惠券所涉及的图层创建为一个图层组，复制2个优惠券图层组在右侧，修改其中的优惠金额，完成优惠券的制作，效果如图6-14所示。

图 6-13　输入文字　　　　　　　　图 6-14　优惠券效果

步骤 12 制作活动商品展示区。使用"矩形工具"在优惠券下方绘制一个填充为"#e4f5d7"的矩形。打开"碧螺春.psd"素材文件（配套资源:\素材文件\项目六\碧螺春.psd），将素材拖到矩形右侧，添加商品效果如图6-15所示。

步骤 13 使用"横排文字工具"在左侧输入商品名称、卖点、价格等信息，然后打开"文字装饰.psd"素材文件（配套资源:\素材文件\项目六\文字装饰.psd），将

其中的装饰素材移到对应文字下方，效果如图6-16所示。

步骤 14 ▶ 使用与步骤11、步骤12相同的方法，在碧螺春模块下方制作六安瓜片模块，效果如图6-17所示。

图6-15 添加商品   图6-16 添加文字和装饰   图6-17 六安瓜片模块

步骤 15 ▶ 制作活动商品分类区。使用"横排文字工具" **T** 在下方输入分类名称，打开"标题装饰1.psd"素材文件（配套资源:\素材文件\项目六\标题装饰1.psd），将其中的装饰素材移到分类名称下方。

步骤 16 ▶ 选择"矩形工具" □，在工具属性栏中设置填充为"#e0f4cb"，描边为"#83bc1f"，描边宽度为"2像素"，圆角半径为"10像素"，在分类名称左下方绘制一个圆角矩形，如图6-18所示。

步骤 17 ▶ 打开"展示台.psd"素材文件（配套资源:\素材文件\项目六\展示台.psd），将其中的装饰素材移到分类名称下方。置入"安吉白茶.png"（配套资源:\素材文件\项目六\安吉白茶.png），将其移至展示台上，效果如图6-19所示。

步骤 18 ▶ 使用"横排文字工具" **T** 输入相关的商品信息，再使用"矩形工具" □ 绘制一个圆角矩形，作为"立即购买"按钮，效果如图6-20所示。

图6-18 绘制圆角矩形   图6-19 展示商品   图6-20 输入文字

步骤 19 ▶ 将安吉白茶模块的所有图层创建为图层组，复制3个该图层组，调整其位置，修改其中的商品图片和文字。

步骤 20 ▶ 运用与制作茗茶类商品分类区相同的方法，使用"标题装饰2.psd"素材文件和花茶图片（配套资源:\素材文件\项目六\标题装饰2.psd、玫瑰花茶.png、洛神花茶.png、茉莉花茶.png、菊花茶.png），制作花茶类商品分类区，最后保存文件（配套资源:\效果文件\项目六\移动端茶叶店铺首页.psd），最终效果如图6-21所示。

图 6-21　最终效果

拓展学习

　　在制作商品较多的首页板块时，应注意商品的展示顺序，提高页面视觉效果的和谐性。一般来说，将最常被选购、主要经营的商品类别放在前面；将消费者迫切需要、喜欢和购买频率较高的商品，或正在大力促销的商品，放在较为醒目的位置；再根据商品的属性、外观、色彩来排序，将外形、色彩较相近的商品图像放置在一起展示。

（二）移动端商品详情页的制作

移动端商品详情页的设计方法与 PC 端类似，都可分为焦点图、信息展示图、卖点图等内容的设计，但其文字较少，图片展示较多。下面将制作粽子移动端详情页，在制作时要体现粽子的味道、外观和原材料等，并通过图片与文字的组合让商品详情页的效果更加美观，其具体操作如下。

微课视频

移动端商品详情页
的制作

步骤 01　新建大小为"750像素×7900像素"，分辨率为"72像素/英寸"，名称为"粽子移动端商品详情页"的文件。

步骤 02　制作焦点图，使用"矩形工具"□在顶部绘制填充"#014029～#058a5b"的矩形。

步骤 03　置入"光影.png"素材文件（配套资源:\素材文件\项目六\光影.png），将其创建为矩形的剪贴蒙版，调整位置和大小，如图6-22所示。

步骤 04　为了让光影效果更加自然，设置"光影"图层的混合模式为"叠加"，不透明度为"55%"。然后依次打开"木桌.png""粽子礼盒.psd"素材文件（配套资源:\素材文件\项目六\木桌.png、粽子礼盒.psd），将木桌移至背景底部，将粽子礼盒移至木桌上，效果如图6-23所示。

步骤 05　选择"椭圆工具"○，在工具属性栏中设置"填充"为"无颜色"，"描边"为"#fcdcaa"，描边宽度为"1.5像素"，在粽子上方绘制一个大的正圆，在大正圆左右两侧各绘制5个竖向排列的小正圆。

步骤 06　打开"焦点图装饰.psd"素材文件（配套资源:\素材文件\项目六\焦点图装饰.psd），将其中的素材移到焦点图中，调整大小和位置，效果如图6-24所示。

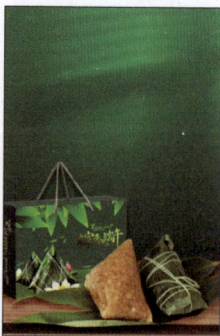

图6-22　置入素材　　　　图6-23　添加木桌、粽子礼盒　　　图6-24　绘制正圆和添加装饰

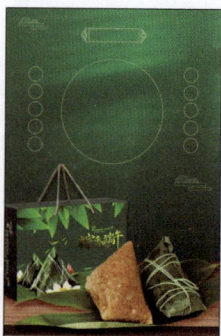

步骤 07　使用"横排文字工具"T输入图6-25所示的文字，完成焦点图的制作。

步骤 08　制作粽子口味图。使用"矩形工具"□在焦点图下方绘制填充为"#014029～#058a5b"的矩形。

步骤 09　使用"横排文字工具"T输入该板块的标题文字和描述语，打开"粽子标题装饰.psd"素材文件（配套资源:\素材文件\项目六\粽子标题装饰.psd），将其中的素材移至标题周围，效果如图6-26所示。

步骤 10 ▶使用"矩形工具" ▣.在文字左下方绘制填充分别为"#fff1da～#f5d49f" "#db9954"的圆角矩形，再使用"直线工具" ⁄.绘制一条深绿色虚线，如图6-27 所示。

图 6-25　输入文字

图 6-26　制作和装饰标题

图 6-27　绘制图形

步骤 11 ▶打开"粽子口味.psd"素材文件（配套资源:\素材文件\项目六\粽子口味.psd），将其中的"八宝粽"图层拖曳至小圆角矩形上，按【Alt+Ctrl+G】组合键创建剪贴蒙版。使用"横排文字工具" **T**.在虚线两侧输入对应的口味名称和简介文字，效果如图6-28所示。

步骤 12 ▶将八宝粽模块所涉及的图层创建为图层组，复制5个该图层组，调整其位置，修改其中的图片和文字，粽子口味效果如图6-29所示。

步骤 13 ▶制作粽子原料图。打开"分隔线.psd"素材文件（配套资源:\素材文件\项目六\分隔线.psd），将其拖动至粽子口味图底部，然后使用"矩形工具" ▣.在分隔线下方绘制填充为"#014029～#058a5b"的矩形，运用与步骤09相同的方法制作标题文字，效果如图6-30所示。

图 6-28　介绍口味

图 6-29　粽子口味效果

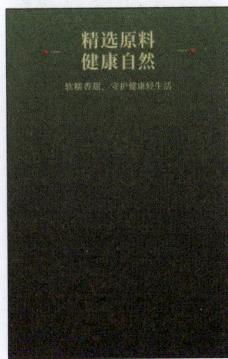

图 6-30　制作原料图标题

步骤 14 ▶使用"矩形工具" ▣.在标题文字的下方绘制一个大圆角矩形，设置填充为"#f5d5a0～#fdedd3"，描边为"无颜色"，圆角半径为"90像素"。

步骤 15 双击该圆角矩形图层右侧的空白区域，打开"图层样式"对话框，再单击选中"描边"复选框，设置渐变颜色为"#bfdf91～#a8cf61"，其他参数如图6-31所示；单击选中"内阴影"复选框，设置内阴影颜色为"#d0a462"，其他参数如图6-32所示；单击选中"投影"复选框，设置颜色为"#070002"，其他参数如图6-33所示，单击 确定 按钮。

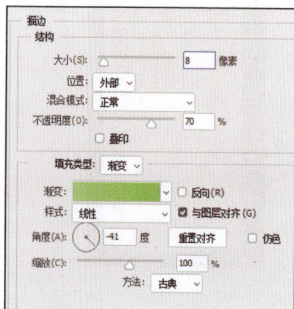

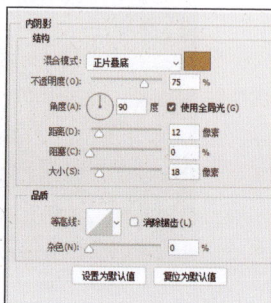

图 6-31　设置描边　　　　　　图 6-32　设置内阴影　　　　　　图 6-33　设置投影

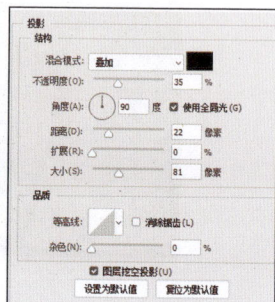

步骤 16 置入"木纹.png"素材文件（配套资源:\素材文件\项目六\木纹.png），将其移至圆角矩形上，按【Alt+Ctrl+G】组合键创建剪贴蒙版，效果如图6-34所示。

步骤 17 打开"图片框1.psd"素材文件（配套资源:\素材文件\项目六\图片框1.psd），将其中的图片框移到圆角矩形左半边。置入"鲜米.jpg"素材文件（配套资源:\素材文件\项目六\鲜米.jpg），将其创建为图片框的剪贴蒙版，效果如图6-35所示。

步骤 18 使用"横排文字工具" T.输入图6-36所示的文字，然后运用"矩形工具" 和"椭圆工具" 绘制形状以装饰文字。

图 6-34　置入木纹素材　　　　图 6-35　蒙版效果　　　　　图 6-36　输入文字

步骤 19 使用与步骤17、步骤18相同的方法，制作"高山粽叶"模块，效果如图6-37所示。

步骤 20 制作粽子细节图。使用与步骤13相同的方法绘制背景和标题，效果如图6-38所示。

步骤 21 ▶ 打开"图片框2.psd""标牌.psd"素材文件（配套资源:\素材文件\项目六\图片框2.psd、标牌.psd），将其中的内容拖到标题下方，调整大小和位置，置入"细节1.jpg"素材文件（配套资源:\素材文件\项目六\细节1.jpg），将其移到图片框上，创建为图片框的剪贴蒙版，效果如图6-39所示。

图 6-37　制作"高山粽叶"模块　　　　图 6-38　绘制背景和标题 　　　　　图 6-39　蒙版效果

步骤 22 ▶ 使用"横排文字工具" **T**，在标牌中输入"美味可口"文字，在标牌右侧输入"精选新鲜糯米，软糯有粘性"文字。

步骤 23 ▶ 双击"美味可口"文字图层右侧的空白区域，打开"图层样式"对话框，在左侧单击选中"渐变叠加"复选框，在右侧设置描边颜色为"#fef5e7～#f6d494"，其他参数如图6-40所示；单击选中"投影"复选框，设置投影颜色为"#5d1412"，其他参数如图6-41所示。

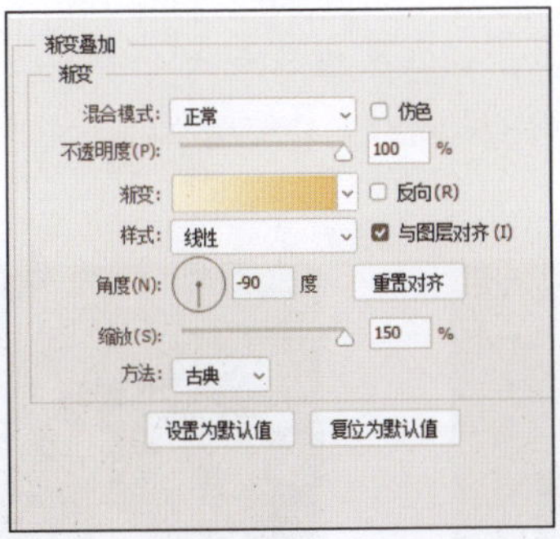

图 6-40　设置渐变叠加 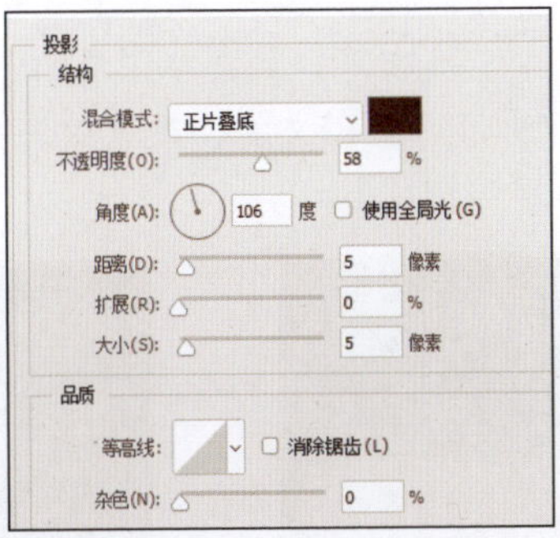　　　　　　　　图 6-41　设置投影

步骤 24 ▶ 单击 确定 按钮，第一个细节效果如图6-42所示。将第一个细节模块所涉及的图层创建为图层组，复制2个该图层组，调整其位置，修改其中的图片和文字，效果如图6-43所示。

步骤 25 ▶ 制作粽子信息图。使用与步骤13相同的方法绘制背景并制作标题，然后将原料图中的圆角矩形及其蒙版复制到标题下方，效果如图6-44所示。

图 6-42 第一个细节效果 | 图 6-43 其他两个细节效果 | 图 6-44 复制图形

步骤 26 选择"直线工具"，在工具属性栏中设置填充为"#02472e"，描边为"无颜色"，粗细为"1像素"，在圆角矩形中绘制3条横线。

步骤 27 使用"横排文字工具" T. 在圆角矩形中输入信息参数文字，效果如图6-45所示。

步骤 28 制作商品理念图。使用与步骤13相同的方法绘制背景并制作标题，将原料图中的图片框复制到标题下方，将细节图中的标牌复制到图片框下方，效果如图6-46所示。

步骤 29 置入"端午佳粽.jpg"素材文件（配套资源:\素材文件\项目六\端午佳粽.jpg），将其移动至图片框上创建为剪贴蒙版。

步骤 30 使用"横排文字工具" T. 在标牌中和标牌下方输入理念相关的文字，并复制细节图中"美味可口"文字图层的图层样式，粘贴到标牌中的文字图层上，效果如图6-47所示。保存文件，最终效果如图6-48所示（配套资源:\项目文件\项目六\粽子移动端详情页.psd）。

图 6-45 绘制横线并输入文字 | 图 6-46 复制图形 | 图 6-47 添加图文

图 6-48　最终效果

素养课堂

　　粽子作为端午节的传统食品之一，传播甚远，在设计粽子商品详情页时，设计师可以先了解粽子的由来，粽子与端午节之间的关系。此外，消费者特别重视食品的安全、健康、新鲜，因此在制作粽子商品详情页时应明确标注生产日期、保质期、成分表、原料等，让消费者能够放心购买。

三、任务实训——制作陶瓷茶具移动端商品详情页

1. 实训要求

　　结合本任务所学知识，根据提供的素材（配套资源:\素材文件\项目六\陶瓷茶具\）制作陶瓷茶具移动端商品详情页。由于该茶具比较简洁、通透，因此风格以简洁为主，搭配说明文字起到宣传商品的目的。整个商品详情页分为焦点图、商品展示区、商品信息区、服务保障区 4 个部分，其完成后的参考效果如图 6-49 所示（配套资源:\效果文件\项目六\陶瓷茶具移动端详情页 .psd）。

2. 实训目标

　　掌握移动端商品详情页的设计方法。

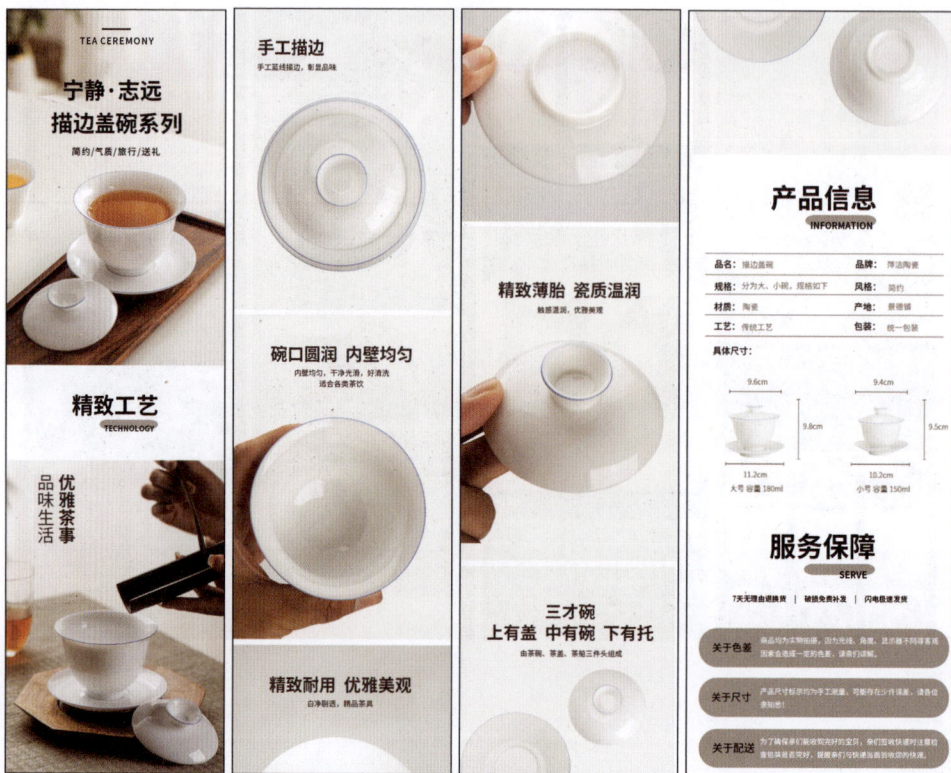

图6-49 参考效果

3. 实训思路

步骤01▷制作焦点图。添加陶瓷茶具素材，使用"横排文字工具"**T.**和"直线工具"**/.**制作焦点图。

步骤02▷制作商品展示图。使用"矩形工具"□绘制标题的装饰圆角矩形，使用"横排文字工具"**T.**输入文字，展现精致的陶瓷工艺，再置入对应的商品细节素材。

步骤03▷制作商品信息图。使用"矩形工具"□绘制标题的装饰圆角矩形，置入商品信息素材，运用"直线工具"**/.**绘制多条直线，然后在直线上输入商品信息文字。

步骤04▷制作服务保障图。使用"矩形工具"□绘制多个圆角矩形，在其中输入服务保障相关文字。

四、任务考核

利用收集的素材（配套资源:\素材文件\项目六\毛巾\）制作毛巾移动端商品详情页，可详细描述面料、生产工艺等卖点，加强消费者对商品的信赖感，参考效果如图6-50所示。

图 6-50 参考效果

拓展延伸

（一）移动端和 PC 端的区别

移动端和 PC 端是电子商务网站的两大平台，在针对不同的平台设计不同的视觉营销效果时，可以适当了解移动端店铺和 PC 端店铺的区别。

- **消费者在线时长的不同。** 一般来说，移动端消费者的在线时长会比PC端要长，因此商家应关注在移动端做商品推广，在投放时可以选择智能化的均匀投放，移动端推广投放时间范围可以更广。
- **点击率、排名的不同。** 如今商品在移动端的点击率高于PC端的点击率，不仅是因为移动端屏幕相对PC端屏幕小，更主要的原因是移动端显示的商品数量少，流量更集中，自然点击率也就更高。移动端的展示位比PC端少，但流量比较集中，因此移动端商品排名也会相对较高。
- **转化方式的不同。** 相对PC端，移动端更多的是静默转化。
- **关键词的不同。** 适用于PC端的关键词并不一定适用于移动端，因此商家在选

择移动端关键词时，要通过移动端下拉列表框的词表选择适合相关商品的关键词进行推广。

（二）电子商务页面设计禁用语

为了吸引消费者浏览店铺，增加其停留时间并提高转化率，设计页面时常采用一些比较有吸引力的词汇，但要注意的是，不能使用绝对化用语和贬低用语。

- **绝对化用语。**2015年9月1日起实施的《中华人民共和国广告法》对禁用词进行了规定。绝对化用语不得出现在商品列表页，商品的标题、副标题、主图、详情页，以及商品包装等位置。绝对化用语主要包括"最佳""顶级""第一"等词语，以及"免检""驰名商标""著名品牌""质量免检""质量无须检测""国家领导人推荐""国家机关推荐"等其他广告禁用词。

- **贬低用语。**不能为了突出自身商品的优势而与其他同类商品进行比较，并使用贬低性的文字来诋毁对方。但可以对自身商品进行对比，如商品升级前后的对比，突出升级后的优势。

实战与提升

（1）利用搜集的素材（配套资源:\素材文件\项目六\移动端家用电器素材.psd），制作家用电器移动端店铺首页，在制作时可按照店招—优惠券—海报—商品列表的步骤依次进行店铺首页的设计（配套资源:\效果文件\项目六\家用电器移动端首页.psd）。

（2）利用搜集的素材（配套资源:\素材文件\项目六\莲子素材.psd）制作莲子移动端详情页，在制作时不但要体现莲子的品质，还需要将莲子的纯天然、营养美味、安全放心等特点体现出来。在设计时，通过图片与文字的组合让整个详情页更加美观（配套资源:\效果文件\项目六\莲子移动端详情页.psd）。

PART 07

项目七
短视频的视觉营销设计

随着短视频的出现与发展，许多商家会通过短视频来展示商品，短视频对店铺流量的影响逐渐加大。短视频简洁、真实、直观地将品牌形象、商品特点传递给消费者，从而获得消费者的注意，最终提高商品销量和店铺流量。因此懂得运用短视频进行视觉营销，不但能提升商品的展示效果，还能提高商品成交率。

【知识目标】
· 掌握短视频的基本术语和制作流程。
· 能够制作各类短视频。

【素养目标】
· 提高创新思维，探索不同短视频的视觉营销价值。
· 培养对短视频的赏析与设计能力。

学习导图

案例导入

　　短视频包含的内容丰富，虽短小精悍，却能直观地展示商品的卖点，便于消费者了解商品，能对商品起到引流的作用。图7-1所示为保温杯25秒主图短视频的展示效果图。

图 7-1　保温杯主图短视频

　　首先，该短视频整体的视觉效果美观，并配有背景音乐和音频解说，画面色彩丰富，能吸引消费者观看。其次，该短视频以保温杯外部的图案动效作为开头，引入保温杯的外观展示，然后依次展现保温杯的卖点，包括长效保温、SUS316不锈钢保温抗氧化、防漏"V"形吸管、鸭嘴盖和可调节背带等，各卖点展示清晰，能吸引消费者购买商品。最后，该短视频的时长为25秒，符合主图短视频对于时长的要求，并且为了方便移动端消费者观看，该保温杯短视频采用了3∶4的长宽比，符合移动端设备的显示特点，便于消费者完整观看短视频的内容，了解更多保温杯的具体信息。

任务一　认识短视频

　　在电子商务中，短视频以其生动形象的展示方式，为商品视觉营销注入了全新的活力。在进行短视频视觉营销设计前，可以先掌握短视频的基本术语，了解如何拍摄与剪辑短视频。

课堂讨论

针对下列问题展开讨论：
（1）为商品拍摄短视频和拍摄图片有什么不同？
（2）如何高效地制作短视频？

一、任务目标

本任务将帮助读者熟悉短视频基本术语，掌握拍摄和剪辑短视频的方法。

二、相关知识

（一）短视频基本术语

短视频的基本术语在相机设置和视频剪辑软件中经常见到，以下为一些常见术语。

- **帧**。帧相当于电影胶片上的每一格镜头，一帧就是一幅静止的画面，连续的多帧就能形成动态效果。
- **帧速率**。帧速率指每秒刷新的图像帧，单位为帧/秒（Frames Per Second，fps）。要想生成平滑连贯的动画效果，至少要保证帧速率不小于8fps，即每秒至少显示8帧静止画面。理论上来说，帧速率越高，视频越流畅，动作也越清晰，所占用的空间也越大。帧速率对视频的影响还在于播放时所使用的帧速率大小，若以24fps播放8fps的视频，则是快放的效果；相反，若以24fps播放96fps的视频，其播放速率将变为原来的1/4，视频中的所有动作将会变慢，如电影中常见的慢镜头播放效果。
- **时间码**。时间码是相机在记录图像信号时，针对每一幅图像记录的时间编码。通过为视频中的每个帧分配一个数字，用以表示小时、分钟、秒钟和帧。其格式为：××H××M××S××F，其中的××代表数字，也就是以"××时××分××秒××帧"的形式确定每一帧的地址。
- **MP4格式**。MP4格式（MPEG-4）是一种标准的数字多媒体容器格式，主要以存储数字音频及数字视频为主，也可以存储字幕和静止图像。MP4格式的优点是兼容性和压缩性好，它常用于商品的视频摄影和制作中（其他常用的视频格式还有AVI、MOV、WMV等）。

（二）拍摄和剪辑短视频

在短视频的视觉营销中，拍摄和剪辑是两个至关重要的环节，它们决定了短视频的内容、风格和整体效果，影响着后续短视频的制作。

1. 拍摄短视频

为了保证短视频质量，拍摄短视频通常按照以下流程来进行。

- **了解商品的特点**。拍摄短视频前需要先了解商品，包括该商品的特点和使用方法。充分了解商品后，再进行后续操作。

- **确定摄影风格**。在确定摄影风格时，可以参考所拍摄商品的同类短视频，并结合自身所拍摄商品的特点，确定整体摄影风格，如唯美、清新、复古、文艺、中国风等。

- **制订拍摄脚本**。如果把短视频比作一篇情节丰富的小说，那么脚本就是这篇小说的提纲和框架，用于为后续的拍摄、剪辑和道具准备等工作提供流程指导，并明确分工职责。常用的拍摄脚本一般为分镜头脚本。分镜头脚本主要是以文字的形式，用镜头的方式直接表现短视频的内容画面，包括画面内容、景别、摄法技巧、时长、机位和音效等内容。

微课视频

视频脚本模板示例

- **准备器材、布景、布光**。正式拍摄前，需要准备拍摄中需要使用的器材，确保拍摄工作能够顺利进行。布景可烘托商品氛围、凸显商品特征和展示商品使用场景等。布光有助于真实展示商品的颜色、形态和质感等。因此，应根据商品的特点进行布景和布光。如有需要，还可以邀请模特来展示商品，但需要注意，模特是为展示商品服务的，不能喧宾夺主。

- **拍摄短视频**。一切准备就绪后，便可按照制订的脚本拍摄商品短视频，如果在拍摄中发现不合理的部分可以根据实际情况修改。在正式拍摄短视频过程中，可从外形、质感、颜色、细节等方面展示商品。除此之外，还需重点体现商品的特色，帮助消费者了解商品，从而打消其顾虑，促进购买。

拓展学习

为商品拍摄短视频与拍摄图片的方法虽然相似，但在运镜方面有很大区别，因为，短视频实际上由一个个镜头组合成，每一个镜头对应一个画面，在拍摄短视频时合理运用不同的运镜方式可以拍摄出更加精彩生动的商品短视频。

微课视频

常见的运镜方法

2. 编辑短视频

完成短视频拍摄后，通常还需要使用视频编辑软件来制作短视频，如使用快影、剪映、会声会影、Premiere 等，一般一个完整的短视频需要剪辑短视频、保存导出和上传分享 3 个步骤。

（1）剪辑短视频

剪辑短视频是短视频制作的第一步，也是最为关键的一步，主要是对短视频素材进行编辑与分割、添加转场与滤镜特效、添加字幕和添加配乐等操作。

- **编辑与分割素材**。编辑素材主要是指通过裁剪、贴图、标记等操作编辑短视频。分割素材主要是指将一段完整的素材分为多段内容，以便调换短视频片段的位置，或删除不需要的短视频片段。
- **添加转场与滤镜特效**。能使短视频效果更加精彩纷呈、丰富多彩。
- **添加字幕**。制作完短视频主体部分后，适当添加字幕可以让消费者理解短视频的主旨。
- **添加配乐**。添加字幕后，还可根据需要为短视频添加背景音乐或旁白等。

素养课堂

在剪辑短视频时，应避免以下几种情况：有多个文字区域，且大面积显示，干扰消费者正常查看商品；文字区域的颜色过于醒目，分散消费者的注意力；文字区域在视频中央，且透明度高，妨碍消费者正常观看短视频内容。

（2）保存导出

剪辑短视频完成后，还需要保存和导出短视频，以防短视频文件丢失或损坏。以剪映为例，具体操作：单击剪映操作界面右上角的 [口 导出] 按钮，在打开的对话框中选择短视频导出的基本设置，完成后单击 [导出] 按钮，稍等片刻即可完成导出操作。

（3）上传分享

完成导出操作后，可将短视频上传或分享到电子商务平台中。以上传到淘宝平台为例，具体操作：进入千牛工作平台，单击"视频空间"超链接，进入视频编辑页面，单击 [上传视频] 按钮，进入"上传视频"页面，单击 [↑] 按钮，选择需要上传的视频，单击 [打开(O)] 按钮。

三、任务实训——分析手表短视频的拍摄和制作思路

1. 实训要求

结合本任务所学知识，观察图 7-2 所示的手表短视频，分析其拍摄和制作思路。

图 7-2　手表短视频

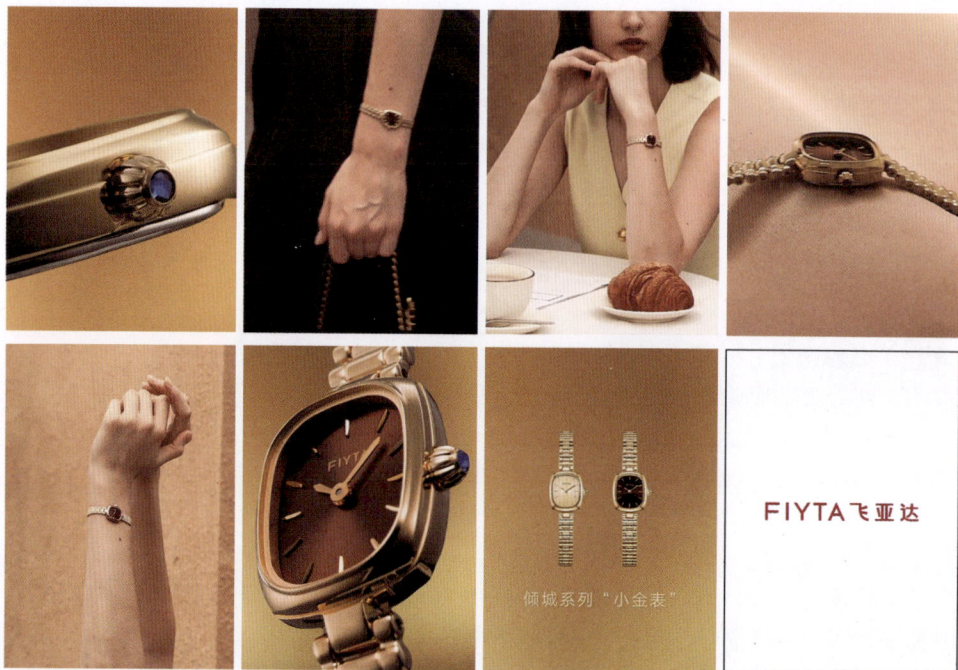

图7-2 手表短视频（续）

2. 实训目标

掌握拍摄和剪辑短视频的流程。

3. 实训思路

步骤01 ▷拍摄要点。该型号手表共有两款配色，针对每款配色拍摄模特戴表的生活场景，以及单个手表的特写视频。根据手表的轻奢、优雅风格，选择了女性模特，以模特开车、下车、行走、坐下喝下午茶为故事线，展示手表的使用场景与佩戴效果，衬托出手表优雅的风格。特写视频则充分展现了手表的表盘、旋钮、表带、材质细节，帮助消费者深入了解手表。

步骤02 ▷剪辑要点。该手表短视频前半部分为第一款手表配色展示，后半部分为第二款配色展示，每款手表的佩戴场景中穿插剪辑了该款配色的特写视频。此外，该短视频开头以表盘形状、刻度线为背景框，引出模特佩戴手表的生活场景，颇具创意性，且强调了商品使用场景；在短视频结尾则展示了该手表两款配色的整体外观，并搭配文字说明商品名称，效果清晰、直观，最后以品牌标志的展现结束短视频，有效加深消费者对品牌的印象。

四、任务考核

观察图7-3所示的果汁杯短视频，分析其中的拍摄与剪辑方式。

图 7-3　果汁杯短视频

任务二　制作各类短视频

短视频比图文展示的效果更加直观，能帮助消费者更快地了解商品信息，从而打消消费者的疑虑。在制作短视频前，可先了解电子商务短视频的类型，再根据视觉营销需求进行短视频的制作。

课堂讨论

针对下列问题展开讨论：

（1）电子商务平台中常见的短视频有哪些？其主要内容分别是什么？

（2）不同类型电子商务短视频的视觉营销要点是什么？

一、任务目标

根据内容和作用的不同，电子商务短视频可以分为商品卖点展示类、商品测评类、开箱试用类、知识文化类、品牌推广类等。本任务将帮助读者熟悉上述类型短视频，再掌握使用剪映制作不同类型短视频的方法。

二、相关知识

（一）商品卖点展示类短视频

商品卖点展示类短视频比较常见，且制作成本和拍摄难度都较低，在制作时短视频的内容以展示商品的外观、功能、结构卖点为主。其颜色搭配、文案设计和字体设计等都应该与商品特性相符合。

- **外观卖点**。对于外观设计型的商品，可以通过多角度展示或是不搭配或搭配少量文字说明来体现商品。当款式、颜色多样时，还可以通过改变商品的款式、镜头的运动方向、景别等来体现商品。对于需要模特展示外观的商品，如服装，可以让模特穿着服装自然地行动，真实的画面能够让消费者通过短视频感受到服装的外观、材质、细节，如图7-4所示。

图7-4 服装短视频

- **功能卖点**。对于功能型商品，可以结合视频、文字、音频解说，介绍商品的功能特色及使用说明，展示商品使用场景，以体现商品实用性。当商品有多个功能卖点时，可为每个功能都单独拍摄一段视频，然后在后期编辑时将每个视频都剪辑一小段内容，再拼接在一起，合成一个完整短视频。
- **结构卖点**。对于一些结构复杂，或有创新设计的商品，如净水器，可以拍摄相应的特写镜头展示其结构，可以拆解商品展示内部结构，可以通过建模、渲染、动画的手段展示商品的结构特征，如图7-5所示。

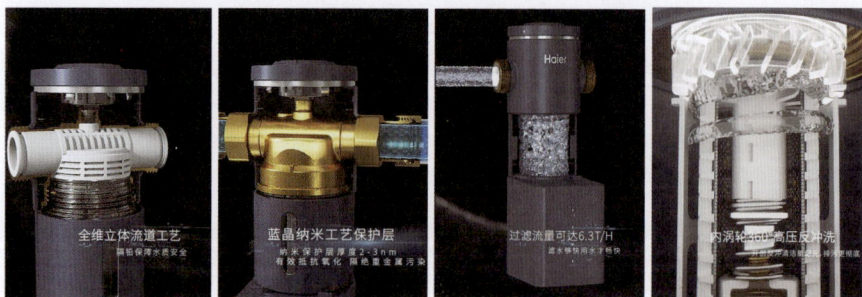

图7-5 净水器短视频

（二）商品测评类短视频

相较于开箱试用类短视频，商品测评类短视频则更加注重专业性和权威性。这类短视频往往会寻找专家来讲解一个或多个同类型的商品，以客观、公正的态度进行评价和打分，以增加视频的权威性和可信度，为消费者提供参考和建议。通过实际的测试和比较，突出商品的特点、性能和优劣，让消费者容易理解和接受商品信息，如图7-6所示的多款手机测评短视频。

图 7-6　多款手机测评短视频

（三）开箱试用类短视频

开箱试用类短视频强调商品的使用体验。通过商品的开箱过程和试用体验，结合消费者的实际体验和评价，让其他消费者更好地了解商品的质量和特点，给消费者提供参考，如图7-7所示的手机开箱短视频。这类短视频在开头可以打造悬念和期待感，引起人们的好奇心，然后逐步展示开箱过程，揭晓商品外观，再简单地试用商品，同时加入自己对商品的感受和评价，但要避免夸大其词或虚假宣传。

图 7-7　手机开箱短视频

（四）知识文化类短视频

这类短视频主要有两种形式，一种是商品或品牌本身具有一定的知识性和文化内涵，然后选取与商品相关的地理、历史、科技、设计理念等知识进行介绍，让消

费者更好地了解商品或品牌；另一种是在具有文化内涵的特定时间（如在传统节日之际），由品牌官方账号发布，以知识普及为主，顺带展示或不展示品牌、商品的短视频。这类短视频需要注重知识性和趣味性的结合，提供娱乐和学习的双重体验。在设计上可以通过有趣的图像、动画、音效等，增强消费者的观看体验，同时配以解说或字幕来传递知识文化背景，让消费者更容易理解和接受。图 7-8 所示为使用某手机拍摄的二十四节气短视频，以节气展示为主，充分展示了二十四节气的特点，虽然该短视频中只有视频开头显示了品牌和商品信息，但却从侧面凸显了该品牌手机的拍摄性能。

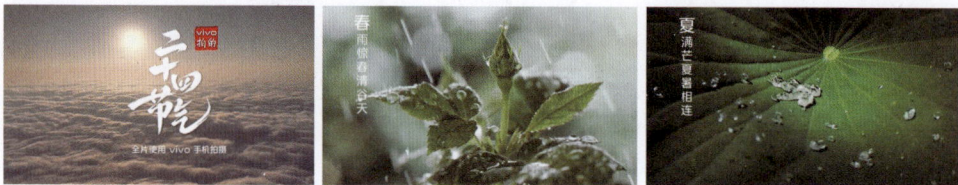

图 7-8　手机拍摄的二十四节气短视频

（五）品牌推广类短视频

当品牌需要扩大知名度或需要强化品牌整体性时，可以制作以品牌推广为主的短视频，这类短视频往往使用品牌标志性的颜色、字体和元素，建立品牌的视觉形象，突出品牌特征，加深消费者对品牌的认知。通过强调品牌的核心理念和价值观，结合配乐，加强视频的情感共鸣和故事氛围，让消费者对品牌产生认同感和好感度。通过展示品牌的主要商品和服务，让消费者更加深入地了解品牌。图 7-9 所示为某服装品牌的推广短视频，以模特穿着丰富多元化的轻时尚服饰为主，展示当下年轻人的潮流生活，这些时尚服饰在无意间成为他们生活方式的一部分，由此，"生活就是我的个展"成为全新品牌的出发点。

图 7-9　某服装品牌的推广短视频

（六）活动宣传类短视频

针对电子商务平台、商家或商品的促销活动、新品宣传等，可以制作活动宣传类短视频来吸引更多的消费者关注和参与，如图 7-10 所示的"双 12"活动短视频。这类短视频需要强调活动的独特性、热度和时效，突出参与活动的价值和收益，可以结合倒计时、抽奖等元素，制造紧迫感和期待感；通过醒目的标签、炫酷的特效、鲜艳的色彩和活泼欢快的配乐，增加视频的吸引力和趣味性，促使消费者参与活动。

图 7-10　"双 12"活动短视频

（七）剧情故事类短视频

剧情故事类短视频主要是通过故事情节和人物塑造，来展示商品或品牌的特点，激发消费者的情感共鸣，类似于微电影广告。在制作剧情故事类短视频时，首先需要选择与商品或品牌相关的题材和情节，打造引人入胜的故事，同时注重场景、服装、道具等细节的刻画来营造真实的氛围。其次，通过剧情的发展自然地展示商品的特点和优势，避免过于生硬和突兀的植入方式。最后，可以在剧情中潜移默化地传递品牌的文化内涵和特点，提高品牌的知名度和美誉度。图 7-11 所示为京东《"手"护者》短视频，带领消费者深入了解京东员工的故事，表达"京东用心守护每一份期待"，在短视频中，通过与每一个努力工作、坚守职责的普通人产生共鸣，让消费者能够具象化感受到短视频中人物的努力和赤诚，提高对该品牌的好感。

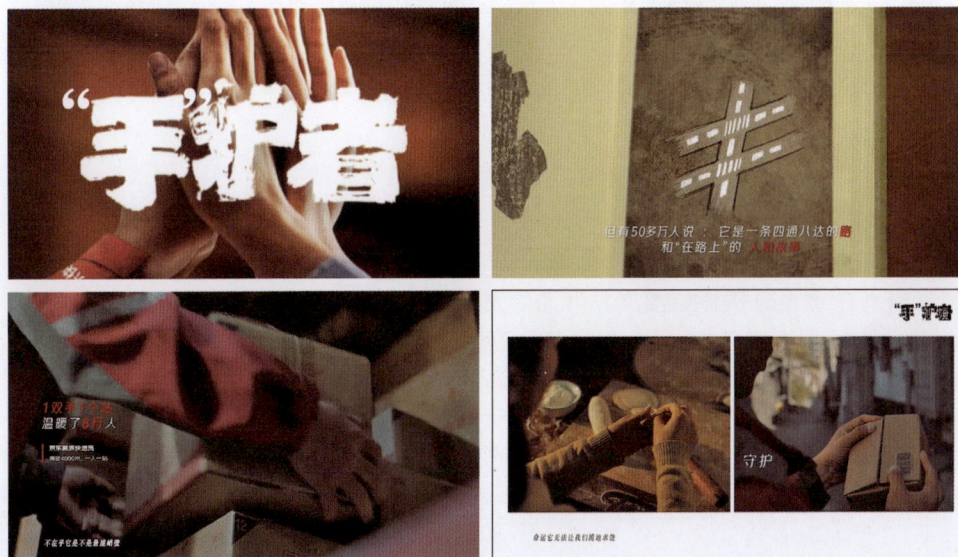

图 7-11　《"手"护者》短视频

三、任务实训

实训一：制作台灯测评短视频

1. 实训要求

某品牌想推广新品台灯，准备为该台灯制作一支商品测评类短视频，然后在相关平台上发布该短视频并附上商品链接。要求利用提供的素材（配套资源:\素材文件\项目七\台灯\）分别从台灯的外观、结构、工艺细节、开灯效果、照明档位等方面对测评短视频进行制作，且内容要真实，逻辑要清晰，商品特点要突出。完成后的参考效果如图7-12所示（配套资源:\效果文件\项目七\台灯测评短视频.mp4）。

> 微课视频
>
> 制作台灯测评短视频

图7-12 参考效果

2. 实训目标

（1）熟悉短视频制作流程。

（2）掌握商品测评类短视频的制作方法。

3. 实训思路

步骤01 打开剪映专业版，单击 ➕ 开始创作 按钮进入工作界面，在左上方单击 导入 按钮，打开"请选择媒体资源"对话框，选择"台灯1.mp4""台灯2.mp4""台灯3.mp4""台灯4.mp4"素材文件，单击 打开(O) 按钮。

步骤02 在工作界面右上方的"草稿参数"面板右下角单击 修改 按钮，打开"草稿设置"对话框，设置参数如图7-13所示，单击 保存 按钮。

步骤03 将鼠标指针移至"台灯1.mp4"缩略图上，单击其右下角的"添加到轨道"按钮 ➕，如图7-14所示，将其添加到下方的"时间线"面板中，在工作界面右上方单击"变速"选项卡，设置倍速为"2.2"。使用相同的方法，将"台灯2.mp4""台灯3.mp4"添加到"时间线"面板中，设置其倍速分别为"3.3""3.0"。

步骤 04 ▶ 将"台灯4.mp4"添加到"时间线"面板中，将时间指示器移至00:00:31:10处，单击 ⫯ 按钮或按【Ctrl+B】组合键分割素材，然后选中分割后的前半段素材，设置其倍速为"2.0"。

步骤 05 ▶ 将时间指示器移至最左侧，选中"台灯1.mp4"素材，单击 ▥ 按钮定格时间指示器所在位置的画面，该素材左侧将生成时长为3s的定格素材，如图7-15所示。

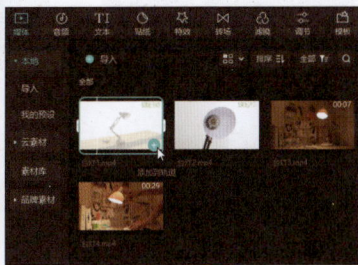

图 7-13　草稿设置　　　　图 7-14　添加素材　　　　图 7-15　定格素材

步骤 06 ▶ 将时间指示器移至最左侧，在工作界面左上方单击"特效"选项卡，在左侧单击"Bling"选项卡，选择"星光闪闪"特效，单击其右下角的"添加到轨道"按钮 ⊕。在"氛围"选项卡中，选择"梦蝶"特效，单击其右下角的"添加到轨道"按钮 ⊕。

步骤 07 ▶ 将时间指示器移至"台灯1.mp4""台灯2.mp4"素材之间，即00:00:07:05处，在工作界面左上方单击"转场"选项卡，在转场效果中单击"叠化"选项卡，选择"叠化"转场，单击其右下角的"添加到轨道"按钮 ⊕。使用相同的方法在其他视频片段之间添加转场。

步骤 08 ▶ 将时间指示器移至最左侧，在工作界面左上方单击"文本"选项卡，单击 文字模板 按钮，单击"片头标题"选项卡，选中图7-16所示的模板，单击其右下角的"添加到轨道"按钮 ⊕。在工作界面右上角的"文本"选项卡中设置第1段文本为"新品测评来啦"，第2段文本为"X牌XX型号台灯"。

步骤 09 ▶ 将时间指示器移至该文字模板右侧，在文字模板中单击"片中序章"选项卡，选中图7-17所示的模板，单击其右下角的"添加到轨道"按钮 ⊕，然后在轨道中拖曳该模板终点至00:00:14:02处。在工作界面右上角的"文本"选项卡中设置第1段文本为"1. 外观"，缩放为"40%"，单击"左对齐"按钮 ▤ 和"顶对齐"按钮 ▥。

步骤10 ▶ 按【Ctrl+C】组合键复制文字模板，将时间指示器移至该文字模板终点，按【Ctrl+V】组合键粘贴该文字模板到时间指示器右侧中，修改文本为"2. 使用"，拖曳终点至视频末尾。

步骤11 ▶ 将时间指示器移至00:00:07:05处，在文字模板中单击"字幕"选项卡，选中图7-18所示的模板，单击其右下角的"添加到轨道"按钮⊕，然后在轨道中拖曳该模板终点至00:00:11:07处。在工作界面右上角的"文本"选项卡中设置第1段文本为"细节做工比较好，表面光滑，螺丝稳固"，缩放为"63%"，单击"左对齐"按钮⬛和"底对齐"按钮⬛。

图7-16 选中模块　　图7-17 选中"片中序章"模板　　图7-18 设置"字幕"模板

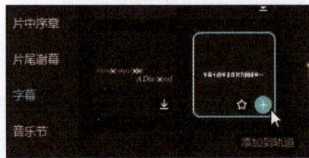

步骤12 ▶ 使用与步骤11相同的方法，为其他视频片段添加相应的字幕，点评台灯的外观和使用情况。

步骤13 ▶ 将时间指示器移至最左侧，在工作界面左上方单击"音频"选项卡，在音效素材中搜索"片头"，在搜索结果中找到"零星片头声"选项，单击其右下角的"添加到轨道"按钮⊕。

步骤14 ▶ 选中轨道中的片头标题文本模板，在工作界面右上方单击"朗读"选项卡，选择"广告男声"选项，单击 开始朗读 按钮。选中朗读生成的音频，将时间指示器移至"新品测评来啦"声音与"X牌XX型号台灯"声音之间，单击"向右裁剪"按钮⬛，然后拖曳该音频将其移动到片头的后半段位置。

步骤15 ▶ 使用与步骤14相同的方法，朗读其他字幕并生成音频。

步骤16 ▶ 将时间指示器移至最左侧，在工作界面左上方单击"音频"选项卡，在音乐素材中单击"纯音乐"选项卡，选中"山川与云海（纯音乐钢琴曲）（剪辑版）"选项，单击其右下角的"添加到轨道"按钮⊕。

步骤17 ▶ 将时间指示器移至视频末尾，选中上一步添加的纯音乐素材，单击"向右裁剪"按钮⬛，然后在工作界面右上方设置音量为"-6"，淡出时长为"2"。

步骤18 ▶ 在工作界面右上角单击 导出 按钮，打开"导出"对话框，设置标题、导出位置、分辨率、格式等，单击 导出 按钮。

实训二：制作"草莓甜乐屋"品牌推广短视频

1. 实训要求

"草莓甜乐屋"品牌需要制作品牌宣传短视频，在制作的短视频中需要凸显该品牌注重草莓品质，充分展示品牌的温室大棚环

微课视频

制作"草莓甜
乐屋"品牌推广
短视频

境、种殖技术等信息，内容要生动有趣、逻辑清晰，感染力较强，能引起消费者共鸣，并对品牌产生信任。要求利用提供的素材（配套资源:\素材文件\项目七\草莓\）进行短视频的制作，完成后的参考效果如图 7-19 所示（配套资源:\效果文件\项目七\"草莓甜乐屋"品牌推广短视频.mp4）。

图 7-19　参考效果

2. 实训目标

（1）熟悉短视频制作流程。

（2）能够制作品牌推广类短视频。

3. 实训思路

步骤 01 ▶打开剪映专业版，导入所有草莓相关的素材，修改草稿名称为："草莓甜乐屋"品牌推广短视频，比例为"16：9"。

步骤 02 ▶先将"品牌Logo动画.mp4"添加到轨道中，然后将"1.mp4"拖曳到其右侧，在"时间线"面板右上角单击"关闭联动"按钮 ，将时间指示器移至00:00:07:20处，单击"向右裁剪"按钮 。

步骤 03 ▶将"3.mp4"添加到轨道右侧，将时间指示器移至00:00:12:23处，单击"向右裁剪"按钮 。将"5.mp4"添加到轨道右侧，将时间指示器移至00:00:19:29处，单击"向右裁剪"按钮 。将"6.mp4"添加到轨道右侧，将时间指示器移至00:00:27:00处，单击"向右裁剪"按钮 。将"7.mp4"添加到轨道右侧，将时间指示器移至00:00:32:00处，单击"向右裁剪"按钮 。

步骤 04 ▶将"2.mp4"添加到轨道右侧，将时间指示器移至00:00:39:10处，按【Ctrl+B】组合键分割素材，再在00:00:47:02处分割素材，选择中间段的素材按【Delete】键将其删除。将时间指示器移至00:00:54:18处，单击"向右裁剪"按钮 。将"4.mp4"添加到轨道右侧，将时间指示器移至00:01:08:13处，单击"向右裁剪"按钮 。此时，"时间线"面板如图7-20所示。

图7-20 "时间线"面板

步骤05 ▶预览视频可发现，部分视频画面偏色或色彩效果不佳，需要进行调色。选择轨道中的"1.mp4"素材，在工作界面右上角单击"调节"选项卡，在"基础"选项卡中设置色调、饱和度、光感分别为"9""25""8"；单击"HSL"选项卡，单击⬤按钮，设置色相、饱和度分别为"-14""100"，调色前后的对比效果如图7-21所示。根据需求，使用相同的方法为其他视频片段调色。

步骤06 ▶选择轨道中的"1.mp4"素材，在工作界面右上角单击"动画"选项卡，在入场动画中选择"旋转开幕"选项。

步骤07 ▶将时间指示器移至"1.mp4""3.mp4"素材之间，在工作界面左上方单击"转场"选项卡，在转场效果中单击"MG动画"选项卡，选择"水波卷动"转场，单击其右下角的"添加到轨道"按钮➕，如图7-22所示。

图7-21 调色前后的对比效果

图7-22 选择转场

步骤08 ▶根据需要，使用与步骤06、步骤07相同的方法，为其他视频片段添加动画或转场。

步骤09 ▶将时间指示器移至00:00:03:20处，在工作界面左上方单击"文本"选项卡，选择"默认文本"选项，单击其右下角的"添加到轨道"按钮➕。在预览画面中调整其大小和位置，在工作界面右上方设置文本内容为"我们是一家专注于销售各类草莓食品的品牌"，单击选中"阴影"复选框，设置颜色、不透明度、模糊度、距离、角度分别为"#4a4648""80%""33%""8""-45°"，如图7-23所示。

步骤10 ▶在工作界面右上方单击"朗读"选项卡，选择"少儿故事"选项，单击 [开始朗读] 按钮。选中朗读生成的音频，在工作界面右上方单击"变速"选项卡，设置倍速为"1.2"。

步骤11 ▶选择字幕素材，在工作界面右上方单击"动画"选项卡，单击其"入场"选项卡，选择"羽化向右擦开"选项，设置动画时长为"1.0s"。

步骤12 ▶使用与步骤09～步骤11相同的方法，添加其他字幕，并生成解说音频，以及为字幕适当添加动画效果。

步骤13 ▶ 将时间指示器移至00:01:04:06处，在工作界面左上方单击"贴纸"选项卡，选择图7-24所示的爱心贴纸，单击其右下角的"添加到轨道"按钮⊕。再在工作界面右上方单击"动画"选项卡，单击"出场"选项卡，选择"渐隐"选项。在轨道中将贴纸终点拖曳至与视频终点一致。根据需要，适当为其他画面添加贴纸。

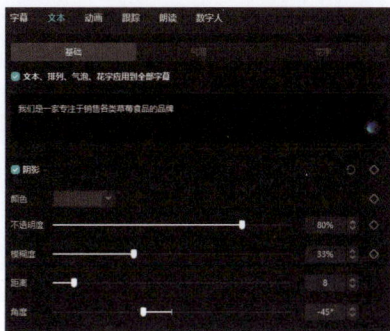

图7-23 设置文本

图7-24 选择贴纸

步骤14 ▶ 在"音频"选项卡中为视频添加背景音乐，在轨道中调整音频素材的位置和时长，使其与视频终点一致，然后在工作界面右上方适当调整音量、淡出时长，最后保存并导出"草莓甜乐屋"品牌推广短视频。

四、任务考核

"古茗茶舍"是一家以销售茶商品、宣传茶文化为主的店铺，现需要以其中一款绿茶为出发点，制作知识文化类短视频（配套资源:\素材文件\项目七\茶叶），要求该短视频体现茶叶的品质、工艺和茶文化，视频效果具备吸引力，参考效果如图7-25所示。

图7-25 参考效果

拓展延伸

面对众多短视频素材，应该运用什么样的方式来剪辑短视频，是后期制作中的难点之一，以下视频剪辑手法能够为这一过程提供一些清晰的思路，让短视频更加精彩。

- **标准剪辑**。标准剪辑是短视频剪辑中常用的剪辑手法之一，是指将短视频素材按照时间顺序进行拼接组合。对于大部分没有剧情，且只是按简单时间顺序拍摄的短视频，可采用标准剪辑手法进行剪辑。
- **匹配剪辑**。匹配剪辑是指利用两个镜头中的色彩、景别、角度、动作和运动方向的匹配进行场景转换的剪辑方法。匹配剪辑常用于连接动作一致或者短视频画面的场景构图一致的两个短视频画面，可以形成视觉连续感。匹配剪辑也经常用作转场，从一个场景跳到另一个场景，从视觉上形成酷炫转场的特效。
- **跳跃剪辑**。跳跃剪辑是对同一镜头进行剪接，也就是两个短视频画面中的场景不变，但其他事物发生了变化，其剪辑方式正好与匹配剪辑相反。跳跃剪辑通常用来表现时间的流逝，通过剪掉中间镜头省略时间并突出速度感，可增加画面的急迫感和节奏，如常见的卡点换装类短视频。
- **J Cut**。J Cut是一种声音先入的剪辑手法，是指下一短视频画面中的音效在画面出现前响起，未见其人先闻其声，很适合用于给短视频画面引入新的元素的短视频中。例如，在制作耳机短视频时，在短视频画面出现之前，先响起耳机中播放的音乐声，吸引消费者的注意力并引起其好奇心。
- **动作剪辑**。动作剪辑指把一个动作用两个画面来连接的剪辑方法。动作剪辑让短视频画面在拍摄主体仍在运动时进行切换，剪辑点（剪辑点是指视频中由一个镜头切换到下一个镜头的组接点）可以根据动作施展方向或者在拍摄主体发生明显变化的简单镜头设置中进行切换。
- **交叉剪辑**。交叉剪辑是指短视频画面在两个不同的场景间来回切换的剪辑手法，通过来回频繁地切换来建立角色之间的交互关系，如影视剧中大多数打电话的镜头通常都使用交叉剪辑。

实战与提升

（1）利用搜集的素材（配套资源:\素材文件\项目七\毛巾），为"简吉"家纺店铺的毛巾制作商品卖点展示类短视频，方便消费者查看和了解毛巾信息，如毛巾的材质、毛巾的使用场景、毛巾的质量等。在制作时可先分割拍摄的视频，删除多余视频片段，再添加滤镜和转场，增加美观度（配套资源:\效果文件\项目七\毛巾短视频.mp4）。

（2）某珠宝品牌想借助七夕节宣传该品牌的戒指，准备以婚礼场景为主制作戒指短视频（配套资源:\素材文件\项目七\戒指），通过真实场景在情感上打动消费者，同时需要展示出戒指的外观、质感和佩戴效果。在制作时，可通过剪辑素材，调节画面色彩，添加文字、转场和背景音乐等操作来完成（配套资源:\效果文件\项目七\戒指短视频.mp4）。

PART 08

项目八
综合案例：家具店铺视觉营销设计与制作

本项目将综合运用前面所学知识，对"艺品家"家具店铺进行视觉营销设计。"艺品家"家具致力于将艺术元素融入家具设计中，通过艺术与功能融合，传达个性化的生活方式。为顺应电子商务发展，该家具品牌准备在淘宝平台上建立"艺品家家具店铺"，并制作店铺首页、商品主图与推广图、商品详情页、商品短视频。

【知识目标】
· 掌握家具店铺视觉营销设计的思路和方法。
· 能够完成"艺品家"家具店铺的视觉营销设计与制作。

【素养目标】
· 培养全局统筹能力，以及设计网店整体视觉效果的能力。
· 培养灵活运用所学知识的能力。

学习导图

任务一 制作店铺首页

一、任务目标

本任务将制作"艺品家家具店铺"首页，要求展现出店铺整体的家具风格、品牌理念、全屋定制服务，以及展现出多种类型的商品，方便消费者了解店铺，还要通过促销信息以达到促进商品销售的目的。

二、任务分析

根据品牌背景和首页需求，"艺品家家具店铺"首页各部分的具体制作思路如下。

- **色彩选择**。该品牌Logo主色调为黄色，但若在首页中大面积使用黄色可能会显得刺眼，因此可以浅灰色为首页的主色调，以黄色为辅助色。
- **风格定位**。为了更好地凸显该品牌的家具风格和品牌理念，在风格选择上可以以简约风格为主，通过简单的图文搭配展现店铺内容。
- **页面布局**。根据内容的展现顺序，可以将首页分为店招与导航、全屏海报、优惠活动区三大部分。其中优惠活动区还可细分为优惠券、热卖专区、新品推荐区、品类专区。

三、操作步骤

（一）制作店招与导航

设计店招与导航时，可在其中体现品牌信息、上新商品或热卖商品，以吸引消费者，具体操作如下。

步骤01 新建大小为"1920像素×6000像素"，分辨率为"72像素/英寸"，名称为"家具店铺首页"的文件。

步骤02 选择"矩形工具"□，在图像编辑区顶部绘制1920像素×120像素的矩形，用于确定店招的尺寸和位置。置入"店招背景.jpg"素材文件（配套资源:\素材文件\项目八\店招背景.jpg），将其放置到矩形上，按【Alt+Ctrl+G】组合键创建剪贴蒙版。

步骤03 使用"矩形工具"□在矩形下方绘制1920像素×30像素的矩形，作为导航背景，设置填充为"#656c64"，描边为"无颜色"，布局如图8-1所示。

图8-1 店招与导航布局

175

步骤 04 ▶ 置入"艺品家Logo.png"素材文件（配套资源:\素材文件\项目八\艺品家Logo.png），将其放置到左侧植物的右侧。

步骤 05 ▶ 打开"店招商品.psd"素材文件（配套资源:\素材文件\项目八\店招商品.psd），将其中的商品依次添加到Logo右侧，然后使用"椭圆工具" ◯.绘制两个填充颜色与Logo黄色相同的正圆，分别移动到商品右上角，如图8-2所示。

图8-2 添加品牌和商品素材

步骤 06 ▶ 选择"横排文字工具" T.，设置字体、字体样式、字体大小、文字颜色分别为"思源黑体 CN""Bold""24点""#54575a"，在两个正圆中均输入"购"文字；在两个正圆右下方分别输入商品名称文字，修改字体样式、字体大小分别为"Regular""18点"；在其下方分别输入价格文字，修改字体样式、字体大小、文字颜色分别为"Bold""23点""#3c332e"，如图8-3所示。

步骤 07 ▶ 选中两个价格文字图层，在"图层"面板顶部设置混合模式为"颜色叠加"，效果如图8-4所示。

图8-3 输入文字

图8-4 设置图层模式

步骤 08 ▶ 选择"横排文字工具" T.，设置字体、字体样式、字体大小、文字颜色、字距分别为"思源黑体 CN""Regular""18点""#ffffff""5"，在导航栏中输入相关文字，然后打开"HOT标签.psd"素材文件（配套资源:\素材文件\项目八\HOT标签.psd），将其中的标签添加到"新品热卖"文字右侧，店招与导航的最终效果如图8-5所示。

图8-5 店招与导航的最终效果

（二）制作全屏海报

设计全屏海报时，可采用图文结合的方式，通过宣传文字与家具实景图片表达全屋定制主题，具体操作如下。

步骤 01 ▶ 选择"矩形工具" ▢.，在导航栏下方绘制1920像素×1115像素的矩形，用于确定海报的尺寸和位置。置入"全屋定制.jpg"素材文件（配套资源:\素材文件\项目八\全屋定制.jpg），将其放置到矩形上，按【Alt+Ctrl+G】组合键向矩形创建剪贴蒙版，效果如图8-6所示。

微课视频

制作全屏海报

步骤 02 ▷ 由于图片色彩效果不佳，因此可选择【图像】/【调整】/【亮度/对比度】命令，打开"亮度/对比度"对话框，设置亮度、对比度分别为"35""9"，单击 确定 按钮。选择【图像】/【调整】/【自然饱和度】命令，打开"自然饱和度"对话框，设置自然饱和度、饱和度分别为"23""35"，单击 确定 按钮，效果如图8-7所示。

步骤 03 ▷ 使用"横排文字工具" **T.** 输入图8-8所示的文字，调整文字的字体、颜色和位置。

步骤 04 ▷ 选择"矩形工具" ，设置填充为"#ffdf4a"，描边为"无颜色"，圆角半径为"18.5像素"，在"点击 ｜ 开启艺术新生活"文字下方绘制一个圆角矩形作为文字背景。

步骤 05 ▷ 打开"波浪线.psd"素材文件（配套资源:\素材文件\项目八\波浪线.psd），将其中的素材添加到"不止5折"文字两侧，装饰文字，如图8-9所示。

图 8-6　置入素材并创建剪贴蒙版

图 8-7　优化色彩效果

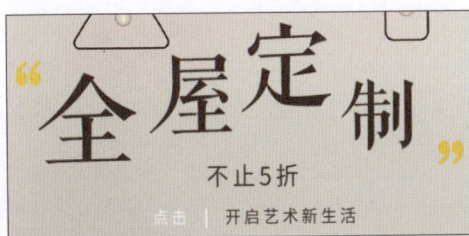
图 8-8　输入文字

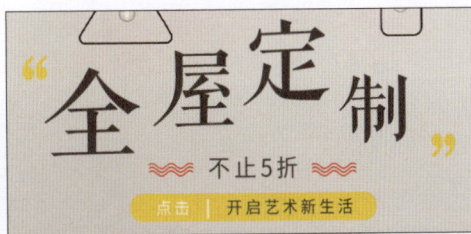
图 8-9　装饰文字

步骤 06 ▷ 由于波浪线为红色，在海报中过于突兀，为使效果更加和谐，双击波浪线图层右侧的空白区域，打开"图层样式"对话框，单击选中"颜色叠加"复选框，设置混合模式、叠加颜色、不透明度分别为"正常""#656c64""100%"，单击 确定 按钮。

步骤 07 ▷ 在添加了图层样式的波浪线图层上单击鼠标右键，在弹出的快捷菜单中选择"拷贝图层样式"命令。选择另一个波浪线图层，在其上单击鼠标右键，在弹出的快捷菜单中选择"粘贴图层样式"命令，全屏海报的最终效果如图8-10所示。

图 8-10 全屏海报的最终效果

（三）制作优惠活动区

设计优惠券时，可采用集中展现优惠信息的方式体现优惠内容。如设计热卖专区时可采用交叉使用左图右文和左文右图的方式进行展现，使其更具韵律感；设计新品推荐区时可以采用多模块呈"一"字排放的方式，让消费者可以左右滑动查看新品；设计品类专区时可以先放置一张较大的品类场景图，再在其下方用不同大小的模块展示该品类中的部分热销单品。具体操作如下。

微课视频

制作优惠活动区

步骤 01 ▶ 先制作优惠券。选择"矩形工具" ▢，在海报下方从左至右依次绘制填充为"#f7f7f7""#eeeeee""#e9e9e9""#d4d4d4"的矩形。然后使用"椭圆工具" ◯.绘制3个填充均为"#454648"的正圆，如图8-11所示。

图 8-11 绘制矩形和正圆

步骤 02 ▶ 选择"矩形工具" ▢，在左侧绘制一个白色矩形，双击该图层右侧的空白区域，打开"图层样式"对话框，单击选中"投影"复选框，设置投影颜色为"#000000"，其他参数如图8-12所示，单击 确定 按钮，效果如图8-13所示。

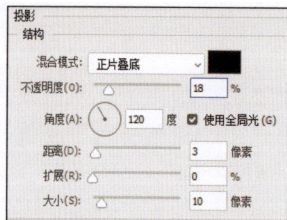

图 8-12 设置投影

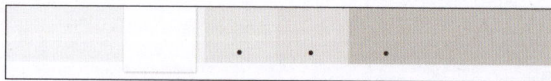

图 8-13 白色矩形的投影效果

步骤 03 ▶ 使用"横排文字工具" T.输入图8-14所示的文字，设置合适的文字格式。选择其中满减文字，在"字符"面板中单击"下画线"按钮 T。

步骤 04 ▶ 使用"横排文字工具" **T.** 在其中一个正圆中输入">"文字，按【Ctrl+T】组合键进入自由变换状态并显示定界框，将鼠标指针移至定界框一角外部，当其变为 ↰ 状态时按住鼠标左键拖曳鼠标，将文字顺时针旋转90°。使用相同的方法在其他两个正圆中输入并旋转">"文字，效果如图8-15所示。

图8-14 输入文字

图8-15 输入并旋转">"文字

步骤 05 ▶ 制作热卖专区。选择"矩形工具" **□.**，在优惠券下方依次绘制填充为"#eeeeee""#f7f7f7""#464748"的矩形，如图8-16所示。

步骤 06 ▶ 置入"热卖靠椅.jpg"素材文件（配套资源:\素材文件\项目八\热卖靠椅.jpg），将其移到左侧矩形上，按【Alt+Ctrl+G】组合键向下创建剪贴蒙版。

步骤 07 ▶ 使用"横排文字工具" **T.** 输入图8-17所示的文字，设置合适的文字格式。为"原价389元"文字添加删除线效果，即选中该图层，在"字符"面板中单击"删除线"按钮 **T̶**。

图8-16 绘制矩形

图8-17 置入图片并输入文字

步骤 08 ▶ 将导航中运用的"HOT标签.psd"素材文件添加到热卖商品右侧，然后打开"波浪装饰.psd"素材文件（配套资源:\素材文件\项目八\波浪装饰.psd），将其中的素材拖曳到英文右侧，效果如图8-18所示。

步骤 09 ▶ 使用与步骤05～步骤08相同的方法，制作另一个热卖商品模块，如图8-19所示。

图8-18 添加装饰

图8-19 制作另一个热卖商品模块

步骤10 制作新品推荐区。选择"矩形工具" ▭，热卖商品模块下方绘制与页面等宽、填充为"#f4f4f4"的矩形。选择"横排文字工具" **T.** 输入"THE NEW FURNITURE"文字，设置字体、字体大小、字距、文字颜色分别为"Myriad Pro""144点""250""#436484"，设置该图层不透明度为"7%"，将该文字制作成用于装饰的背景底纹。

步骤11 使用"横排文字工具" **T.** 在该区域中央上方输入"THE NEW""#家具新品推荐 #"标题，设置合适的文字格式，如图8-20所示。

步骤12 使用"矩形工具" ▭ 分别绘制多个填充为"#ffffff""#464748""#ffdf4a"的长方形，再使用"椭圆工具" ◯.分别绘制两个填充为"#ffdf4a""#454648"的正圆，如图8-21所示。

图 8-20 制作背景和标题

图 8-21 绘制多个矩形和正圆

步骤13 打开"新品图片.psd"素材文件（配套资源:\素材文件\项目八\新品图片.psd），将其中的新品图片放置到对应的矩形上，并向下创建剪贴蒙版。

步骤14 使用"横排文字工具" **T.** 输入图8-22所示的文字，设置合适的文字格式。

图 8-22 输入文字

步骤15 制作品类专区。使用"矩形工具" ▭ 绘制多个矩形进行布局，设置填充分别为"#f4f4f4""#464748""#ffffff"，如图8-23所示。

步骤16 打开"沙发专区.psd"素材文件（配套资源:\素材文件\项目八\沙发专区.psd），将其中的商品图片移到对应的深灰色矩形上，创建剪贴蒙版，效果如图8-24所示。

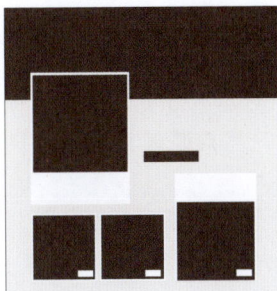

图 8-23　绘制多个矩形进行布局

图 8-24　添加沙发图片

步骤 17 ▶使用"横排文字工具"**T.**输入商品名称、卖点、价格文字，然后添加"购物车图标.psd"素材文件（配套资源:\素材文件\项目八\购物车图标.psd）进行装饰。

步骤 18 ▶完成后保存文件，最终效果如图8-25所示（配套资源:\效果文件\项目八\家具店铺首页.psd）。

图 8-25　最终效果

（四）制作移动端店铺首页

设计师在制作移动端店铺首页时，可选用 PC 端已制作好的模块，修改其对应的尺寸，再接着设计其他模块，具体操作如下。

步骤 01 ▶新建大小为"1200像素×6000像素"，分辨率为"72像素/英寸"，名称为"移动端家具店铺首页"的文件。

微课视频

制作移动端
店铺首页

步骤 02 制作单图海报和优惠券、热卖专区。将PC端家具店铺首页中的对应内容复制到图像编辑区中，调整大小和位置，其布局方式保持不变。

步骤 03 制作新品推荐区。将PC端家具店铺中对应内容复制到图像编辑区中，调整其大小和位置，并调整其布局如图8-26所示。然后复制白色新品模块到右下方，复制灰色新品模块到左下方，修改其中的商品内容。

步骤 04 制作品类专区。将PC端家具店铺中对应内容复制到图像编辑区中，调整其大小和位置，使用相同的素材重新设计沙发模块如图8-27所示。使用相同的布局展示另外两个沙发商品。

步骤 05 完成后保存文件，最终效果如图8-28所示（配套资源:\效果文件\项目八\移动端家具店铺首页.psd）。

图 8-26 调整新品推荐区的布局

图 8-27 重新设计沙发模块

图 8-28 最终效果

素养课堂

同一家店铺的PC端和移动端首页效果应存在相关性，如整体风格、装饰元素、配色、布局等，这是因为如果二者的设计毫无联系，消费者通过不同端口浏览店铺时会产生割裂感，不利于树立品牌形象，也会阻碍店铺给消费者留下印象，降低消费者的回头率。

任务二 制作商品主图与推广图

一、任务目标

本任务将为"艺品家家具店铺"中的餐桌椅套装制作横版和竖版的商品主图，要求在主图展现商品场景图，凸显关键卖点和活动优惠价格；为该店的新品椅子制作直通车图进行推广，凸显商品的外观、色彩和风格，以及商品活动信息；再制作引力魔方图宣传该店的"春季家装季"活动，为店铺引流。

二、任务分析

根据所要制作的主图与推广图的制作目的，对主图与推广图进行制作具体思路如下。

- **主图设计**。制作横版主图时，采用场景化主图的形式，展现餐桌椅的实际使用场景，在商品场景图片、主图背景中使用蓝色为主色，使整个色调更加统一；使用红色为辅助色，用于强调商品卖点和活动折扣。制作竖版主图时，可以在横版主图的基础上，保持画面内容和整体布局不变，更改位置和大小、比例关系，使两版主图具有统一性。

- **直通车图设计**。需要推广的商品是一款黄色的椅子，为了强调其外观和色彩，可以选择与黄色有一定对比度但又和谐的绿色，作为直通车图的主色，再使用简单的背景来重点突出商品本身，然后添加商品名称、卖点及价格信息。

- **引力魔方图设计**。考虑以常见的家居场景为主，强调本品牌属性，在设计时可通过窗户元素呈现出蓝天和绿色植物，表达本品牌家具环保、生态的特点。此外，也可通过添加品牌Logo强化品牌印象；通过"打造你的舒适家居生活"宣传语来契合消费者需求，从而吸引目标消费者；再通过添加"点击进入店铺"按钮来引导消费者点击，进而提升转化率。

三、操作步骤

（一）制作商品主图

在制作餐桌椅商品主图时，可以先绘制用于商品展现的现代感边框，再添加商品场景图，使商品位于主图中央，作为视觉焦点。此外，还可以在顶部展现店铺名称用于强调品牌形象，在底部可添加较大的文字展示活动信息和优惠价格，在商品主体周围还可运用类似贴纸的形式强调商品的卖点，具体操作如下。

> 微课视频
>
> 制作商品主图

步骤 01 制作横版主图。新建大小为"800像素×800像素"，分辨率为"72像素/英寸"，名称为"餐桌椅主图"的文件。设置前景色为"#268cad"，按【Alt+Delete】组合键填充前景色。

步骤 02 新建图层，设置前景色为"#6cd2f3"，选择"画笔工具" ，在工具属性栏中设置画笔样式为"柔边圆"，大小为"400像素"，不透明度为"30%"，在图像编辑区中左上角和右上角涂抹，背景效果如图8-29所示。

步骤 03 选择"钢笔工具" ，在工具属性栏中设置工具模式为"形状"，填充为"#064f67"，描边为"无颜色"，在图像中绘制类似天猫猫头的图形；复制该图形，调整其位置，修改其填充为"#ffffff"，效果如图8-30所示。

步骤 04 置入"餐桌椅.jpg"素材文件（配套资源:\素材文件\项目八\餐桌椅.jpg），将其移至白色图形上方，按【Alt+Ctrl+G】组合键向下创建剪贴蒙版，效果如图8-31所示。

步骤 05 使用"椭圆工具" 在左上方绘制填充为"#ff7179"的正圆。

步骤 06 选择"矩形工具" ，设置填充为"#ff5b64～#ff5b64～#ffacb0"，描边为"#ffff00"，描边宽度为"1像素"，圆角半径为"73.5像素"，在左下方绘制一个圆角矩形；再使用"矩形工具" 在右下方绘制一个圆角矩形，修改填充为"#116f8d～#2283a3～#40c0e9"，描边为"#ffffff"，如图8-32所示。

步骤 07 选择蓝色圆角矩形所在图层，单击"添加图层蒙版"按钮 ，选择"钢笔工具" ，在工具属性栏中设置工具模式为"路径"，在该图形左侧绘制路径如图8-33所示，然后按【Ctrl+Enter】组合键将路径之外的区域转化为选区，按【Shift+Ctrl+I】组合键反向选择，按【Delete】键删除选区内容，即利用图层蒙版隐藏蓝色圆角矩形原本的左端。

步骤 08 新建图层，设置前景色为"#000000"，选择"画笔工具" ，在工具属性栏中设置画笔样式为"柔边圆"，大小为"66像素"，不透明度为"28%"，在蓝色圆角矩形左端涂抹使其形成阴影效果，如图8-34所示。

图 8-29　背景效果

图 8-30　绘制图形

图 8-31　添加素材

图 8-32　绘制正圆和圆角矩形

图 8-33　绘制路径

图 8-34　绘制阴影

步骤 09 ▶ 按住【Alt】键不放，单击蓝色圆角矩形图层的图层蒙版缩览图，将图层蒙版缩览图拖曳至绘制的阴影所在图层中，为阴影应用同样的图层蒙版。

步骤 10 ▶ 使用"横排文字工具" T.在主图中输入图8-35所示的文字，设置合适的文字格式，完成横版主图的创作（配套资源:\效果文件\项目八\餐桌椅主图.psd）。

步骤 11 ▶ 制作竖版主图。新建大小为"750像素×1000像素"，分辨率为"72像素/英寸"，名称为"餐桌椅主图（竖版）"的文件，将横版主图中的素材复制到竖版主图中，调整图像的位置和大小，效果如图8-36所示。

步骤 12 ▶ 保存所有文件（配套资源:\效果文件\项目八\餐桌椅主图（竖版）.psd）。

图 8-35　输入文字

图 8-36　竖版主图效果

（二）制作直通车图

微课视频

制作直通车图

在制作椅子直通车图时，由于椅子无背景，因此在制作时，可先为其添加简单的墙面、地面作为商品展示背景，然后添加商品，最后添加具有层次感的其他图形和文字元素，具体操作如下。

步骤01 ▶新建大小为"800像素×800像素"，分辨率为"72像素/英寸"，名称为"椅子直通车图"的文件。

步骤02 ▶打开"直通车背景.psd"素材文件（配套资源:\素材文件\项目八\直通车背景.psd），将其中的内容添加到直通车图中，然后置入"椅子.png"素材文件（配套资源:\素材文件\项目八\椅子.png），效果如图8-37所示。

步骤03 ▶选择"矩形工具"□，设置填充为"无"，描边为"#88cbcb"，描边宽度为"14像素"，绘制与画布等大的正方形；使用"矩形工具"□在椅子下方绘制一个矩形，修改填充为"#116f8d～#40c0e9"，描边为"#ffffff"，描边宽度为"4像素"，圆角半径为"31像素"。

步骤04 ▶双击矩形框所在图层右侧的空白区域，打开"图层样式"对话框，单击选中"投影"复选框，设置投影颜色为"#478180"，其他参数如图8-38所示，单击 确定 按钮，效果如图8-39所示。

图 8-37　添加背景和椅子　　　图 8-38　设置投影　　　图 8-39　矩形效果

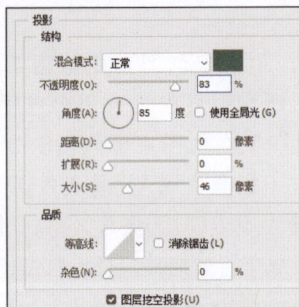

步骤05 ▶选择"钢笔工具"⌀，在工具属性栏中设置工具模式为"形状"，填充为"#fae0c3～#fbecdf～#f7c98f"，渐变角度为"0"，描边为"无颜色"，在椅子右侧绘制一个直角梯形；再在图像编辑区顶部绘制一个带有圆角的梯形，修改填充为"#88cbcb"。

步骤06 ▶使用"钢笔工具"⌀.在底部绘制形状，修改其填充为"#81c8c8"，描边为"#ffffff"，描边宽度为"4像素"，双击该图层右侧的空白区域，打开"图层样式"对话框，单击选中"斜面和浮雕"复选框，设置高光颜色为"#ffffff"，阴影颜色为"#4c8582"，其他参数如图8-40所示，单击 确定 按钮，效果如图8-41所示。

步骤07 ▶使用"横排文字工具"T.输入图8-42所示的文字，设置合适的文字格式。

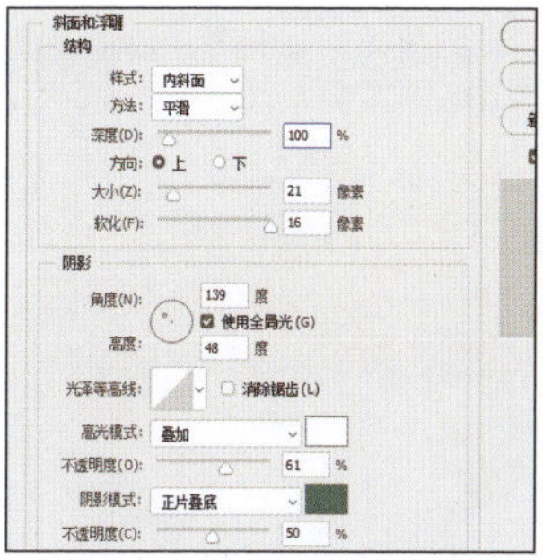

图 8-40　设置斜面和浮雕 　　　　图 8-41　形状效果 　　　　图 8-42　输入文字

步骤 08 ▶ 双击"舒适单人沙发椅"文字图层右侧的空白区域，打开"图层样式"对话框，选中"渐变叠加"复选框，设置渐变颜色为"#fcefe5～#f7d8b3"，其他参数如图8-43所示；选中"投影"复选框，设置投影颜色为"#366d6c"，其他参数如图8-44所示，单击 确定 按钮。复制该图层的图层样式，粘贴到"SOFA CHAIR"文字图层上。

步骤 09 ▶ 双击"活动价："文字图层右侧的空白区域，打开"图层样式"对话框，选中"投影"复选框，设置投影颜色为"#4e8683"，其他参数如图8-45所示，单击 确定 按钮。复制该图层的图层样式，粘贴到"188元"文字图层上。

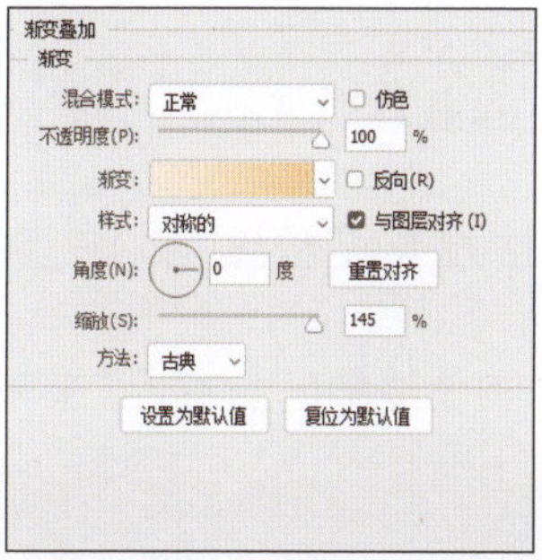

图 8-43　设置渐变叠加 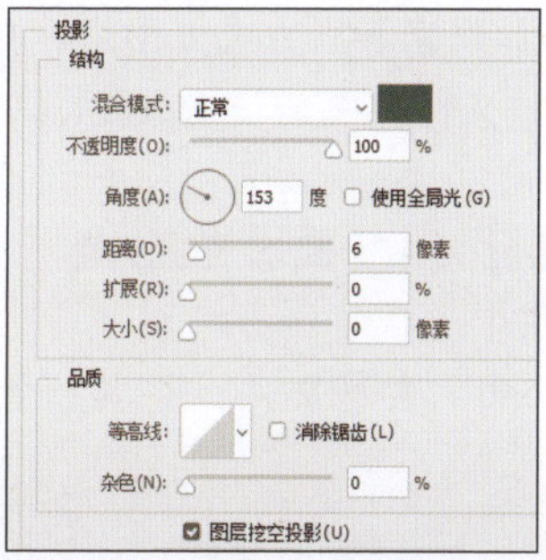　　　　图 8-44　设置投影 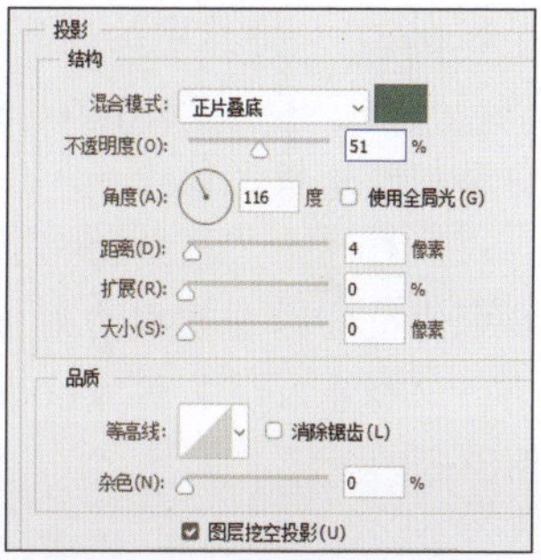　　　　图 8-45　设置投影

步骤 10 ▶ 为"领券满300元减30元　上不封顶"文字图层添加与"舒适单人沙发椅"文字图层相同的"渐变叠加"图层样式，效果如图8-46所示。

步骤 11 ▶ 置入"绿叶.png"素材文件（配套资源:\素材文件\项目八\绿叶.png），将其移至图像编辑区左下角，单击"添加图层蒙版"按钮，使用"矩形选框工具"在列表页左侧绘制与矩形框等宽的选区，如图8-47所示，按【Delete】键删除选区内容。

步骤 12 ▶ 置入"艺品家Logo.png"素材文件，将其放置到图像编辑区顶部，最后保存文件，最终效果如图8-48所示（配套资源:\效果文件\项目八\椅子直通车图.psd）。

图 8-46　为文字添加图层样式　　　　图 8-47　绘制选区　　　　图 8-48　最终效果

（三）制作引力魔方图

综合考虑引流目标和品牌形象，在制作引力魔方图时选择蓝天绿草为背景，通过沙发、地板、窗户打造家居场景主体，然后在背景中上方的视觉焦点位置添加品牌 Logo、活动主题等重要信息，具体操作如下。

微课视频

制作引力魔方图

步骤 01 ▷ 新建大小为"800像素×1200像素"，分辨率为"72像素/英寸"，名称为"家具引力魔方图"的文件。

步骤 02 ▷ 打开"引力魔方背景.psd"素材文件（配套资源:\素材文件\项目八\引力魔方背景.psd），将其中的内容添加到家具引力魔方图中，效果如图8-49所示。

步骤 03 ▷ 打开"沙发.psd"素材文件（配套资源:\素材文件\项目八\沙发.psd），将沙发添加到地板图像上。

步骤 04 ▷ 打开"植物.psd"素材文件（配套资源:\素材文件\项目八\植物.psd），将其中的植物添加到引力魔方图中进行装饰。

步骤 05 ▷ 置入"艺品家Logo.png"素材文件，将其放置到图像编辑区上方，效果如图8-50所示。

图 8-49　背景效果　　　　图 8-50　添加素材

步骤 06 ▷ 选择"矩形工具" ▭，设置填充为"#ffd922"，描边为"无颜色"，在沙发上方绘制一个矩形。

步骤07 ▶ 使用"矩形工具" ▢ 在矩形上方再绘制一个矩形，修改其填充为"无颜色"，描边为"#000000"，描边宽度为"1像素"。

步骤08 ▶ 选择"钢笔工具" ✎ ，设置工具模式为"形状"，填充为"#333333"，描边为"无颜色"，在矩形内部右侧绘制一个三角形，效果如图8-51所示。

步骤09 ▶ 使用"横排文字工具" T. 输入图8-52所示的文字，设置合适的文字格式，最后保存文件（配套资源:\效果文件\项目八\家具引力魔方图.psd）。

图 8-51　绘制形状　　图 8-52　输入文字

任务三　制作商品详情页

一、任务目标

"艺品家家具店铺"最近上新一款田园风实木书桌，需要为该款书桌设计商品详情页，要求能够充分展现该款书桌的外观、卖点、细节、功能、使用场景等，突出实木材质，并向消费者直观地说明商品尺寸等参数信息，其整体视觉效果要美观，契合商品风格，易于消费者浏览。

二、任务分析

由于PC端和移动端的商品详情页均支持750像素的宽度，为了便于制作和使用，这里直接采用同一版式进行设计，其他制作思路如下。

- **色彩选择**。该款书桌主色偏向淡黄、浅金色的原木色，因此可以选择原木色为商品详情页的主色调；为便于识别，可以选择深灰色为文字的主色；选择具有一定对比度的蓝色、粉色为点缀色，在需要强调和装饰的地方使用。
- **风格定位**。该款书桌为田园风格的实木书桌，外观设计简约大气，因此书桌商品详情页的设计风格可以以简约风格为主，通过简单的图文搭配展现商品内容。但要注意图文展示方式应具有一定的变化性和层次感，不宜采用完全一样的布局方式。
- **页面布局**。根据任务目标和商品详情页的常见设计内容，可以在书桌商品详情页中依次制作焦点图、商品卖点图、商品场景图、商品细节图和商品信息展示图。

189

三、操作步骤

（一）制作焦点图

焦点图需要能快速吸引消费者，因此在设计焦点图时，可以以书桌在家居场景中的实拍图片为背景，利用标题表明商品风格和名称，搭配展示契合消费者需求的关键卖点（如适合小户型、实木、环保、送货上门），加深消费者的印象，具体操作如下。

微课视频

制作焦点图

步骤 01 ▶新建大小为"750像素×10400像素"，分辨率为"72像素/英寸"，名为"商品详情页"的文件。

步骤 02 ▶选择"矩形工具" ▢，设置填充为"#ebe4e2"，描边为"无颜色"，在顶部绘制一个与画布等宽的矩形。

步骤 03 ▶置入"书桌场景1.jpg"素材文件（配套资源:\素材文件\项目八\书桌场景1.jpg），将其放置到矩形上，如图8-53所示。

步骤 04 ▶单击"创建新的填充或调整图层"按钮 ◑，在打开的下拉列表中选择"曲线"命令，打开"曲线"属性面板，调整曲线如图8-54所示，优化书桌图片的色彩。

步骤 05 ▶选择书桌图片所在图层，单击"添加图层蒙版"按钮 ▣，选择"橡皮擦工具" ✐适当擦除图片顶部，使图片与背景的过渡更加自然，效果如图8-55所示。

步骤 06 ▶使用"横排文字工具" T.输入图8-56所示的文字，设置合适的文字格式。

步骤 07 ▶打开"关键卖点背景.psd"素材文件（配套资源:\素材文件\项目八\关键卖点背景.psd），将其中的内容添加到书桌图片下方，如图8-57所示。

步骤 08 ▶使用"横排文字工具" T.输入图8-58所示的卖点文字，设置合适的文字格式，完成焦点图的制作。

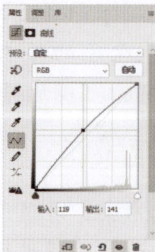

图 8-53　置入素材　　　图 8-54　调整曲线　　　图 8-55　蒙版效果　　　图 8-56　输入文字

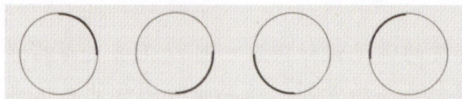

图 8-57　添加背景素材　　　　　　图 8-58　输入卖点文字

（二）制作商品卖点图

微课视频

制作商品卖点图

商品卖点图需要充分、全面地展示书桌的各种卖点，包括大板直拼、不贴皮、实木真材实料、抽屉收纳经久耐用、抽屉开合顺畅等，增强该款书桌对消费者的吸引力，在设计上可综合采用居中布局和左右布局方式展示，具体操作如下。

步骤01 使用"椭圆工具" ⬭,在焦点图下方绘制3个从大到小、填充分别为"#7ecef4""#f29b76""#faf280"的正圆。复制这3个正圆，将其旋转180度放置在右侧。

步骤02 使用"矩形工具" ▭,绘制填充为"#999999"的两个矩形，再绘制高度分别为"1像素""5像素"的装饰线，如图8-59所示。

步骤03 打开"材质.psd"素材文件（配套资源:\素材文件\项目八\材质.psd），将其中的两张商品图片放到矩形上，创建剪贴蒙版，再将其中的木桩图片放到右下角，效果如图8-60所示。

步骤04 选择"直线工具" ╱,设置填充为"无颜色"，描边为"#000000"，描边宽度为"1像素"，粗细为"30像素"，在工具属性栏中单击⚙按钮，打开"路径选项"面板，在其中单击选中"起点"和"终点"复选框，设置宽度、长度、凹度分别为"60像素""100像素""0%"，然后在桌面图像中绘制一个箭头，设置该箭头图层不透明度为"67%"，效果如图8-61所示。

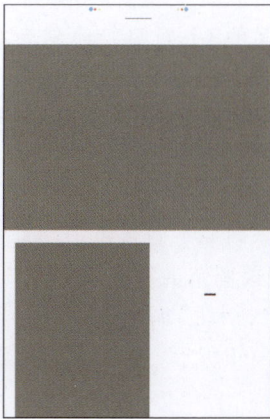

图 8-59 绘制矩形和装饰线　　图 8-60 添加素材　　图 8-61 绘制箭头

步骤05 使用"横排文字工具" T,输入图8-62所示的文字，设置合适的文字格式。

步骤06 使用与步骤01至步骤02相同的方法布局画面，效果如图8-63所示。

步骤07 打开"抽屉.psd"素材文件（配套资源:\素材文件\项目八\抽屉.psd），将其中的两张商品图片放到矩形和圆角矩形上，创建剪贴蒙版。

步骤08 使用"横排文字工具" T,输入图8-64所示的文字，设置合适的文字格式，完成商品卖点图的制作。

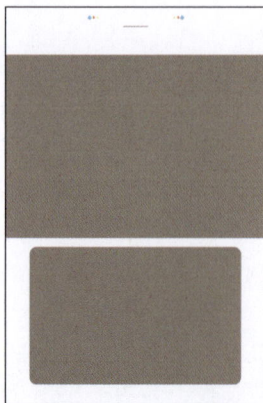

图 8-62　输入文字　　　　　图 8-63　布局画面　　　　　图 8-64　输入文字

（三）制作商品场景图

在制作商品场景图时，设计师可以将不同角度的场景图片展现出来，通过图片的方式充分表现该款书桌之美，最后添加少量对场景的描述性文字，对图片进行说明，具体操作如下。

微课视频

制作商品场景图

步骤01 ▷ 使用"横排文字工具" T.在商品卖点图下方输入"情景展示""- my little home -"标题文字，调整字体、颜色、大小、位置和字距。

步骤02 ▷ 使用"椭圆工具" ○.在"情景展示"文字之间的3个间隙，绘制大小相同、填充分别为"#7ecef4""#f29b76""#faf280"的3个正圆。

步骤03 ▷ 置入"书桌场景2.jpg"素材文件（配套资源:\素材文件\项目八\书桌场景2.jpg），将其移至标题下方，效果如图8-65所示。

步骤04 ▷ 选择"矩形工具" ▢,设置填充为"#ffffff"，描边为"#cfa972"，描边宽度为"1像素"，圆角半径为"14像素"，在右下方绘制一个圆角矩形；再使用"矩形工具" ▢在圆角矩形左侧绘制两个重叠的矩形，修改圆角半径为"0像素"。

步骤05 ▷ 双击圆角矩形所在图层，打开"图层样式"对话框，单击选中"投影"复选框，设置投影颜色为"#000000"，其他参数如图8-66所示。单击 确定 按钮，图形效果如图8-67所示。

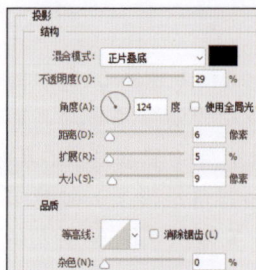

图 8-65　置入素材　　　　　图 8-66　设置投影　　　　　图 8-67　图形效果

步骤 06 ▶置入"书桌场景3.jpg"素材文件（配套资源:\素材文件\项目八\书桌场景3.jpg），将其移至圆角矩形上，创建剪贴蒙版。置入"书桌场景4.jpg"素材文件（配套资源:\素材文件\项目八\书桌场景4.jpg），将其移至圆角矩形下方，效果如图8-68所示。

步骤 07 ▶选择"矩形工具" □.，设置填充为"无颜色"，描边为"#ffffff"，描边宽度为"2像素"，在"书桌场景4.jpg"图像上绘制一个白色矩形框。

步骤 08 ▶选择"椭圆工具" ○.，设置填充为"无颜色"，描边为"#ef9391"，描边宽度为"2像素"，在矩形框左侧绘制一个正圆。

步骤 09 ▶置入"装饰.png"素材文件（配套资源:\素材文件\项目八\装饰.png），将其移至矩形框左下角，效果如图8-69所示。

步骤 10 ▶选择"横排文字工具" T.，在圆角矩形左侧的长方形中输入对木桌的描述文字，再在白色矩形框左侧输入对场景的描述文字，如图8-70所示，完成商品场景图的制作。

| 图 8-68 置入素材 | 图 8-69 置入装饰素材 | 图 8-70 输入文字 |

（四）制作商品细节图

本款书桌的细节主要从树木板材、抽屉、桌腿、五金配件这4个方面展示，具体操作如下。

步骤 01 ▶将商品场景图的中英文标题，以及标题装饰元素均复制到下方，修改中文文字为"细节展示"。

步骤 02 ▶使用"椭圆工具" ○.在标题下方绘制一个填充为"#0f597e"的正圆，然后使用"横排文字工具" T.在正圆中输入"01"文字。

步骤 03 ▶选择"矩形工具" □.，设置填充为"#999999"，描边为"无颜色"，圆角半径为"38像素"，在正圆下方绘制一个较大的圆角矩形，如图8-71所示。

步骤 04 ▶置入"细节1-1.jpg"素材文件（配套资源:\素材文件\项目八\细节1-1.jpg），将其移至圆角矩形上，创建剪贴蒙版，然后使用"横排文字工具" T.在图片上方和下方分别输入对该细节的描述性文字，如图8-72所示。

步骤 05 ▶选择"矩形工具" □.，设置填充为"无颜色"，描边为"#9cbfd0"，描边宽度为"2像素"，描边样式为第2种虚线样式，圆角半径为"15像素"，在下方中央绘制一个圆角矩形。

微课视频

制作商品细节图

步骤 06 ▶ 使用"矩形工具" ▢.在虚线描边圆角矩形的左上方和右下方，各绘制一个填充为"#999999"、无描边、圆角半径为"38像素"的圆角矩形，如图8-73所示。

图 8-71　绘制圆角矩形　　　图 8-72　添加图片和文字　　　图 8-73　绘制圆角矩形

步骤 07 ▶ 依次置入"细节1-2.jpg""细节1-3.jpg"素材文件（配套资源:\素材文件\项目八\细节1-2.jpg、细节1-3.jpg），分别放置到灰色圆角矩形上，创建剪贴蒙版。

步骤 08 ▶ 使用"矩形工具" ▢.在两张细节图片上，各绘制一个描边为"#ffffff"，宽度为"1像素"的圆角矩形框，使用"横排文字工具" Ｔ.在图片旁边输入对该细节的描述性文字，如图8-74所示。

步骤 09 ▶ 使用制作细节1相同的方法，制作细节2、细节3和细节4，效果如图8-75所示，完成商品细节图的制作。

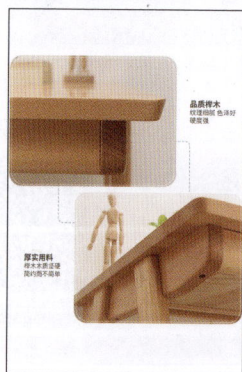

图 8-74　展示细节　　　　图 8-75　制作细节 2、细节 3 和细节 4

（五）制作商品信息展示图

商品详情页除了展示书桌的名称、产地、品牌、材质等常见的信息外，针对书桌这一家具类商品，消费者通常还重视尺寸、运输、包装、售后等商品信息，因此也需要将商品信息展示出来。设计时，可采用商品实拍图和参数表格的形式来展现，具体操作如下。

步骤 01 ▶ 将商品场景图的中英文标题，以及标题装饰元素均复制到下方，修改中文文字

微课视频

制作商品信息
展示图

为"信息展示"。

步骤02 选择"矩形工具" ▢，设置填充为"无颜色"，描边为"#cfa972"，描边宽度为"2像素"，圆角半径为"14像素"，在标题右下方绘制一个小圆角矩形，然后使用"横排文字工具" T.在圆角矩形中输入"正面实拍"文字。

步骤03 复制两次步骤02的两个图层到下方，修改文字分别为"侧面实拍""45°实拍"，制作的文字标签效果如图8-76所示。

步骤04 打开"实拍图.psd"素材文件（配套资源:\素材文件\项目八\实拍图.psd），将其中的实拍效果添加到对应标签左下方，效果如图8-77所示。

步骤05 选择"钢笔工具" ✎.，设置工具模式为"形状"，填充为"无颜色"，描边为"#999999"，描边宽度为"1像素"，沿着木桌45°实拍图的长、宽、高绘制尺寸标注线。

步骤06 使用"横排文字工具" T.输入尺寸数值，并在木桌45°实拍图下方输入尺寸说明，如图8-78所示。

图 8-76　制作文字标签　　　图 8-77　添加实拍图　　　图 8-78　展示尺寸

步骤07 使用"钢笔工具" ✎.在下方绘制多条黑色横线、竖线，形成表格框架。

步骤08 使用"矩形工具" ▢绘制两个浅灰色矩形作为表头，将浅灰色矩形所在图层放置在上一步骤绘制的线条图层下方，表格效果如图8-79所示。

步骤09 使用"横排文字工具" T.在表格上方输入"商品参数"标题文字，然后再在表格中输入各项参数，如图8-80所示，完成商品信息展示图的制作。

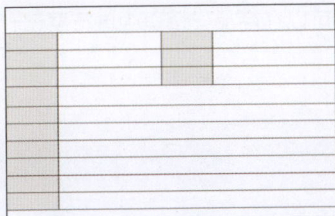

图 8-79　绘制表格框架　　　　　　　图 8-80　输入各项参数

步骤10 ▶ 保存文件（配套资源:\效果文件\项目八\商品详情页.psd），商品详情页最终效果如图8-81所示。

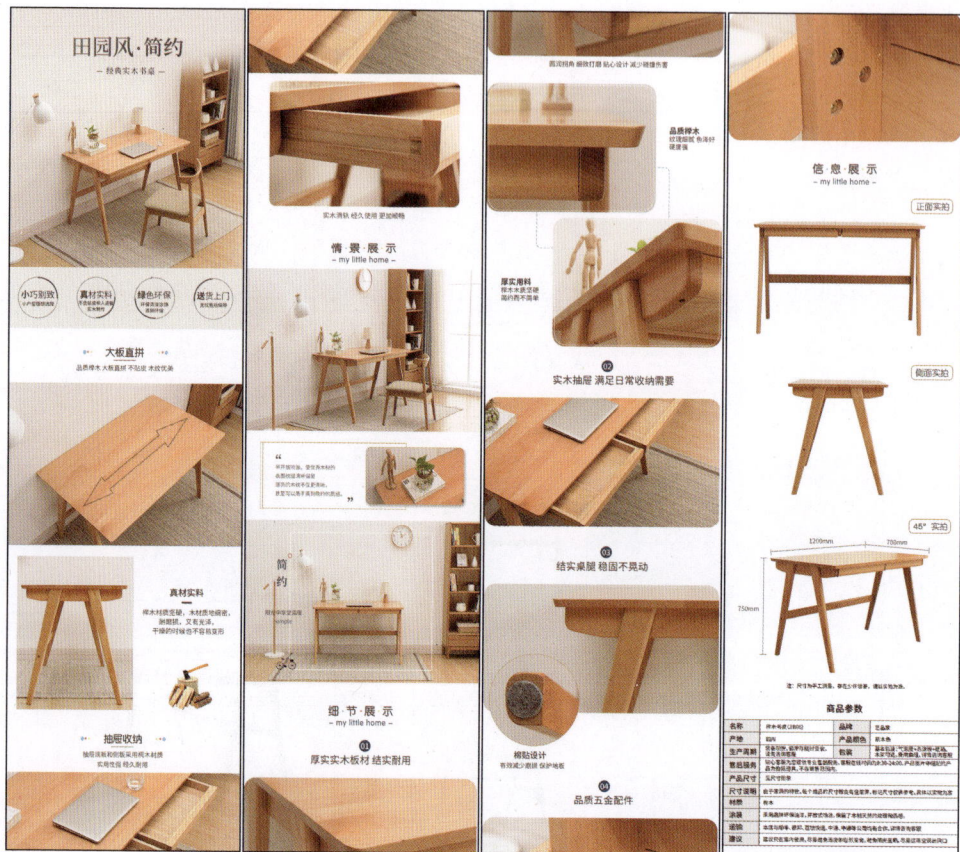

图 8-81　商品详情页最终效果

拓展学习

　　在设计家具商品详情页时，页面的主色调多以家具颜色为主。对于使用时间较长的大型家具，消费者通常还额外关注其尺寸、材质、重量、环保标准、保养方法、安装说明、退换货政策、售后服务等，这些信息都可以在商品详情页中进行展示，从而打消消费者顾虑，让消费者更加信任商品和品牌。

任务四　制作商品短视频

一、任务目标

"艺品家家具店铺"中的一款造型独特的藤编木椅近期销量较高，为了让消费者更直观地看到藤编木椅，准备为其制作商品短视频。

二、任务分析

根据任务目标，可制作以外观卖点为主的商品卖点展示短视频。在制作时，可搭配少量文字说明其外观设计细节。此外，还可以邀请模特来试坐椅子，利用真实的商品使用场景来打动消费者。在完成本任务前，可先拍摄需要的商品素材，再在计算机中导入视频素材，使用剪映专业版剪辑出完整椅子商品短视频。

三、操作步骤

（一）拍摄商品短视频

拍摄商品短视频展示卖点时，可以先在家居场景中拍摄椅子的整体外观；再拍摄外观细节，如椅面、扶手、椅脚、材质等。除了展示外观卖点，还可以展示一下消费者关注的其他方面，如椅子是否足够结实、人坐在椅子上是否舒服等。

步骤01▶布置一个简单、温馨的家居场景，将椅子商品放在窗户边采光较好的位置，先拍摄椅子在家居环境中的整体效果，展现椅子整体外观。

步骤02▶在上一个场景中对细节补光，或在摄影棚等室内环境中重新布光，保证被摄主体细节清晰、亮度适宜，分别拍摄椅背、椅面，展现其藤编工艺；拍摄椅子的实木框架，展现榫卯结构，及各部位的独特造型设计，突出实木的纹理质感。

步骤03▶邀请一位成年模特，拍摄模特站在椅面上多次跳动，测试椅子的承重情况。再将椅子倒转过来，拍摄模特踩在实木框架上跳动，表明椅子非常结实。

步骤04▶请模特换上素色或淡雅的家居服，将椅子置于家居场景中，待阳光从窗户斜射到椅子上时，先拍摄单个椅子的光影效果，然后拍摄模特走向椅子并坐下，十分悠闲舒适的生活场景，至此完成椅子短视频素材的拍摄。部分拍摄效果如图8-82所示。

图 8-82　部分拍摄效果

（二）剪辑商品短视频

在剪辑商品短视频时，先在计算机中导入视频素材，再使用剪映专业版分割视频素材，删除多余视频片段，适当优化画面色彩，然后添加说明性文字，使其能完整、顺畅地展示出椅子的卖点，最后添加舒缓的背景音乐，营造悠闲的家居氛围，增添椅子短视频的吸引力，具体操作如下。

步骤 01 ▶将拍摄的视频上传到计算机中，打开剪映专业版开始创作，导入所有与椅子相关的素材（配套资源:\素材文件\项目八\椅子\），修改草稿名称为"椅子短视频"，分辨率为"720像素×960像素"。

步骤 02 ▶依次将"光影色彩效果.mp4""场景效果.mp4"添加到轨道中，然后将时间指示器移至00:00:08:27处，单击"向右裁剪"按钮▌。

步骤 03 ▶依次将"外观细节.mp4""坐椅子.mp4""承重测试.mp4"添加到轨道右侧，然后将时间指示器移至00:00:30:26处，单击"向左裁剪"按钮▌；再将时间指示器移至00:00:33:09处，单击"向右裁剪"按钮▌，此时"时间线"面板轨道如图8-83所示。

步骤 04 ▶将时间指示器移至00:00:02:05处，选中"光影色彩效果.mp4"素材，在工作界面右上方单击"调节"选项卡，设置色温、色调、阴影、光感分别为"14""-8""15""39"，调色前后的画面对比效果如图8-84所示。使用相同的方法，为其他色彩效果不佳的视频素材调色。

步骤 05 ▶在工作界面左上方的"媒体"选项卡中选择"艺品家Logo.png"素材，按住鼠标左键不放将其拖曳到轨道中的"光影色彩效果.mp4"素材上方，剪映将自动在上方新建一个轨道，如图8-85所示。

图 8-83　"时间线"面板轨道　　　图 8-84　调色前后的画面对比效果　　　图 8-85　拖曳素材

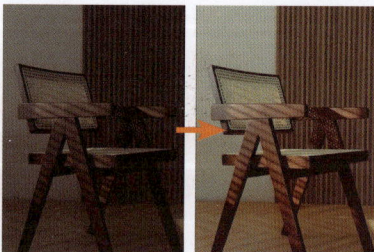

步骤 06 ▶向左拖曳轨道中"艺品家Logo.png"素材，使其与"光影色彩效果.mp4"素材的终点对齐，如图8-86所示。在"播放器"面板中调整该素材的大小和位置，效果如图8-87所示。在工作界面右上角单击"动画"选项卡，在入场动画中选择"动感缩小"选项，设置动画时长为"1.5s"，如图8-88所示。

图 8-86　终点对齐　　　　图 8-87　调整大小和位置　　　图 8-88　添加入场动画

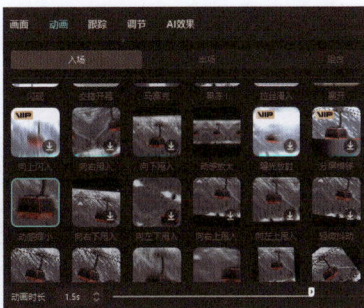

步骤 07 ▶将时间指示器移至"光影色彩效果.mp4""场景效果.mp4"素材之间，在工作界面左上方单击"转场"选项卡，在转场效果中选择"叠化"转场，单击其右下角的"添加到轨道"按钮⊕，添加转场如图8-89所示。使用相同的方法，在其他视频素材之间添加合适的转场。

步骤 08 ▶将时间指示器移至00:00:02:17处，在工作界面左上方单击"文本"选项卡，单击 文字模板 按钮，单击"好物种草"选项卡，选择图8-90所示的模板，单击其右下角的"添加到轨道"按钮⊕。在工作界面右上角的"文本"选项卡中设置第1段文本为"藤编木椅"。

步骤 09 ▶将时间指示器移至00:00:05:08处，在"播放器"面板中调整文字素材的大小与位置，效果如图8-91所示。

步骤 10 ▶使用与步骤08、步骤09相同的方法，为其他视频画面添加文字说明。

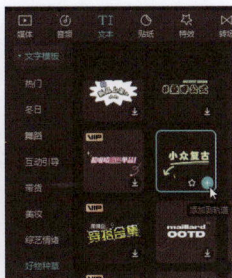

图 8-89　添加转场　　　　图 8-90　选择文字模板　　　图 8-91　调整文字素材

步骤 11 ▶将时间指示器移至00:00:00:00处，在工作界面左上方单击"音频"选项卡，在音乐素材中单击"舒缓"选项卡，选择"萤火虫 纯音乐"选项，单击其右下角的"添加到轨道"按钮⊕，如图8-92所示。

步骤 12 ▶将时间指示器移至视频末尾，选择轨道中的音频素材，单击"向右裁剪"按钮❚❙，然后在工作界面右上方设置淡出时长为"2"，此时轨道中的音频素材如图8-93所示。

步骤 13 ▶在工作界面右上角单击 [□ 导出] 按钮，打开"导出"对话框，设置参数如图 8-94 所示，单击 [导出] 按钮，最终效果（部分视频画面）如图 8-95 所示（配套资源:\效果文件\项目八\椅子短视频.mp4）。

图 8-92　添加音乐

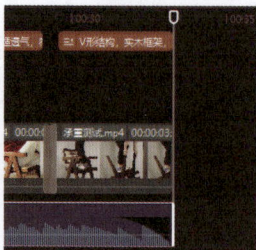

图 8-93　轨道中的音频素材

图 8-94　设置导出参数

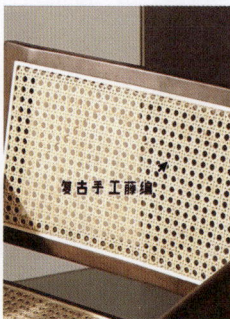

图 8-95　最终效果（部分视频画面）